LES

NOUVEAU-NÉS
DE L'ESPRIT

ÉTUDE DE PSYCHOLOGIE RELIGIEUSE

D'après quelques biographies chrétiennes

PAR

JACQUES DE LA COMBE

Ce qui est né de l'Esprit est esprit
JEAN, III, 6

PARIS
LIBRAIRIE FISCHBACHER
Société anonyme
33, RUE DE SEINE, 33
———
1903

Tous droits reservés

.

DE L'ESPRIT

8° R 19592

LES

NOUVEAU-NÉS DE L'ESPRIT

LES
NOUVEAU-NÉS
DE L'ESPRIT

ÉTUDE DE PSYCHOLOGIE RELIGIEUSE
D'après quelques biographies chrétiennes

PAR

JACQUES DE LA COMBE

Ce qui est né de l'Esprit est esprit.
JEAN, III, 6

PARIS
LIBRAIRIE FISCHBACHER
Société anonyme
33, RUE DE SEINE, 33

1905
Tous droits reservés

AVANT-PROPOS

Une science cultivée depuis un temps relativement court, — une science « encore au berceau », selon l'expression d'un de ses représentants les plus autorisés, — la psychologie dite religieuse, a « pour métier de saisir sur le fait, en leur réalité immédiate, les secrets de la conscience individuelle ». Sa tâche est « d'étudier la vie religieuse elle-même envisagée du dedans, telle qu'elle se déroule dans la conscience personnelle du sujet », mais en ne considérant que « le côté biologique de la religion (1) ». Elle s'interdit de décider si les mani-

---

(1) *Archives de psychologie*, n° 8, otobre 1903. — Th. Flournoy, *les Principes de la psychologie religieuse*, Genève, 1903, passim.

festations extérieures du sentiment religieux correspondent ou non à des réalités objectives, ces manifestations étant le produit du travail intellectuel ou le résultat apparent des caprices de l'imagination.

La psychologie religieuse pose donc en fait que, dans l'âme humaine, il existe une « chose telle que la religion », — une « donnée de vie intérieure ». — Le sentiment religieux naît — comme toute autre affection naturelle, — avec l'individu et existe dans l'âme de ce dernier à l'état de germe susceptible de développement. A son tour, ce développement se produit sous des influences de toute nature, telles que l'âge de l'individu, son sexe, l'éducation qu'il reçoit, le milieu dans lequel il vit, son état de santé, etc., etc., toutes choses ensuite desquelles le sentiment religieux se révèle par des actes ou des croyances que l'individu envisage comme des réalités et auxquels il donne une valeur proportionnée à ses désirs ou à ses besoins. « Les croyances que l'individu se forge, au contact de celles de son milieu et de son expérience personnelle, sont presque toujours un curieux mélange d'emprunts, de rejets et de créations originales (1). » La science ne prend pas position pour ou contre la valeur absolue attribuée par le sujet à ces manifestations du sentiment religieux.

Au point de vue de la science, les conditions extérieures dans lesquelles se trouve l'individu, aussi bien que ses propensions naturelles, son caractère propre et même l'état de son cerveau, expliqueraient donc que cet individu arrive à telle ou telle conception religieuse, plutôt qu'à telle autre. Il subirait ainsi les exigences d'une fatalité qu'il ne songerait même pas à contrôler. Ce qu'il estimerait être la vérité, serait bien pour lui la vérité, tandis qu'elle ne revêtirait pas ce caractère pour d'autres, et cela en vertu du principe que « la question de la vérité absolue de la religion ne tient aucune place quelconque dans les travaux de la psychologie religieuse (2) ». Celle-ci se borne à ignorer.

La psychologie dite religieuse a la prétention de se constituer en science absolument pure, mais c'est à bon droit qu'on a fait remarquer

(1) *Archives de psychologie*, n° 8, p. 345, octobre 1903.
(2) Th. Flournoy, *les Principes de la psychologie*, etc., p. 8.

qu'il est bien difficile de faire rentrer dans les cadres d'une science déterministe la science qui s'attache à des objets doués de liberté, comme l'âme et ses expériences religieuses. Cela ne constitue-t-il pas une négation de la liberté, car c'est avec raison que M. E. Naville constate que « la liberté est le centre des faits de l'ordre spirituel (1) ». Dans le même ordre d'idées, on a pu se demander s'il y avait moyen, par la science seule, de « créer des forces actives dans l'âme de l'enfant? » — de lui « proposer un idéal de foi, de lui donner, avec la volonté de réaliser son idéal d'agir selon sa foi, les moyens pratiques d'y réussir ». On s'est cru fondé par l'expérience à répondre négativement à ces questions (2).

La psychologie religieuse scientifique se heurte à des barrières infranchissables, comme elle le reconnaît elle-même, lorsqu'elle déclare qu'elle étudie le phénomène en soi, sans lui attribuer une portée objective. La physiologie cérébrale, même achevée, ne saurait rendre

(1) *Le libre arbitre*, p. 214.
(2) Henri Bois, *Critique d'un discours de M. Alfred Croiset (Foi et Vie)*, 16 août 1903.

compte de la conscience religieuse ; « elle ne nous fournit l'explication ultime de rien (1) ». En fait de religion, le simple développement physiologique du sentiment religieux ne saurait aboutir qu'à des sensations, des impressions plus ou moins vives, à de vagues aspirations, sans jamais s'élever plus haut que la religion dite naturelle. « Entre les phénomènes purement objectifs et le plus élémentaire des phénomènes psychiques, il existe pour la pensée un infranchissable abîme. La transformation d'éléments physiologiques en faits de conscience est absolument impossible (2). »

*

En nous plaçant sur le terrain du christianisme positif, nous 'ne faisons nulle difficulté de reconnaître ce qu'il y a de fondé et de pratiquement utile dans la méthode préconisée par la psychologie scientifique. La psychologie, que l'on peut à bon droit appeler religieuse, pré-

(1) Th. Flournoy, *les Principes de la psychologie*, etc., p. 22.
(2) E. Naville, *le libre arbitre*, p. 115.

sente le sentiment religieux naturel comme un fait hors de doute et de contestation ; elle tient un compte très sérieux des circonstances au milieu desquelles le germe religieux est appelé à se développer. A cet égard, on pourrait dire qu'elle aussi est physiologique, parce que « une psychologie qui n'est pas en quelque mesure physiologique, et une physiologie qui ne prend pas en considération les données de la psychologie, sont des sciences très incomplètes (1) ». Et en effet, comme l'a fort bien fait remarquer le biographe d'Henri Ward Beecher dont nous esquissons plus loin la physionomie reli- gieuse : « Plusieurs des traits caractéristiques qui composent notre individualité, sont un effet de l'hérédité. Pour bien juger un homme, il est nécessaire de connaître les familles dont il est issu, et d'étudier la manière dont il s'est assimilé l'héritage de ses ancêtres. »

La psychologie religieuse chrétienne n'a donc pas attendu l'apparition de la psychologie scientifique pour constater formellement le fait de la présence du sentiment religieux dans

---

(1) E. Naville, *le libre arbitre,* p. 2.

l'âme humaine. Elle a reconnu chez l'homme de tous les temps et de tous les lieux une aspiration dont le caractère spécifiquement religieux se révèle par des actes de culte, tant il est vrai que « la religion est une fonction de l'humanité (1) ». Que les manifestations extérieures du sentiment religieux revêtent les formes les plus grossières du fétichisme et de la superstition, ou celles plus élevées, plus pures du spiritualisme philosophique, cela importe peu. Ce qui importe, c'est la cause première et positive du développement que ce sentiment est capable de prendre. Cette cause première, la psychologie scientifique l'ignore et elle veut l'ignorer, parce qu'elle ne se propose que de déterminer les causes secondes en s'interdisant d'aller plus loin.

Or ce qui caractérise la psychologie religieuse chrétienne, c'est qu'elle ne craint point d'aller plus loin en proclamant comme nécessaire et réelle l'intervention d'un agent de liberté que la science pure ne connaît pas et ne peut pas connaître, mais dont elle n'est pas autorisée à nier

---

(1) Ch. Secretan, *le Principe de la morale*, p. 332.

l'existence. C'est même à l'intervention de cet agent que M. A. Sabatier, cité par M. Flournoy, faisait allusion lorsqu'il écrivait : « Le fond des dogmes et des symboles, c'est la réalité religieuse elle-même, c'est le *processus vital* que crée l'Esprit infini et éternel, se révélant dans l'esprit de l'homme et dans les expériences mêmes de sa piété (1). » L'esprit humain abandonné à ses seules ressources manque des données nécessaires pour comprendre l'essence divine (2). L'état charnel se transmettant de génération en génération, il n'est pas possible à un homme naturel de franchir par ses propres forces ce cercle fatal (3). Vinet exprime la même pensée lorsqu'il dit : « Quand on pourrait, en ramassant tous les plus beaux traits que peut fournir l'histoire du genre humain, composer de ces mille traits épars l'idée de l'homme nouveau, encore ne serait-ce qu'une *idée* ; mais cette idée même, l'humanité ne la fournira

(1) Th. Flournoy, *les Principes de la psychologie*, p. 18.
(2) Ch. Secretan, *le Principe de la morale*, p. 318.
(3) F. Godet, *Commentaire sur l'Évangile de saint Jean* (1re édition) I, p. 412.

jamais ; on ne pourra jamais trouver ni dans un homme à part, ni dans tous ensemble, de quoi se former l'idée de l'homme nouveau, parce que le principe qui crée cet homme-là n'existe ni dans tel ou tel homme, ni dans tous ensemble (1). » Citons encore ces paroles du célèbre professeur Tholuck, de Halle : « Il y a eu, en dehors du christianisme, des hommes qui ont fait de vigoureux efforts pour arriver à la sainteté ; mais le vrai mystère de la piété sainte, la perle par excellence des parfaits, est et sera toujours la céleste doctrine de la *justification par la libre grâce.* L'homme naturel n'arrive jamais de lui-même à cette divine doctrine, et aussi ne peut-il la comprendre ; preuve irrécusable que cette vérité nous est venue du ciel (2). »

La psychologie religieuse chrétienne voit dans le sentiment religieux naturel un reste de cette image de Dieu d'après laquelle l'homme a été créé en âme vivante. Elle pose en fait que le développement de ce germe est dû à une

---

(1) *Méditations évangéliques* (les eaux de Siloé et les eaux du grand fleuve).

(2) A. Tholuck, *Heures de recueillement chrétien.*

action spirituelle s'exerçant du dehors au dedans. « Les philosophes et les sociologues multiplient les hypothèses les plus contradictoires sur l'origine du sentiment religieux. Aucune de ces hypothèses ne vaut l'explication donnée à la première page de la Bible : l'homme est religieux parce qu'il a été fait à la ressemblance divine, parce qu'il est comme un enfant qui cherche son père. L'origine du sentiment religieux est avant tout un instinct de filialité (1). »

**

Un soir d'automne, tandis que, assis dans mon cabinet de travail, je réfléchissais aux voies si diverses et parfois si merveilleuses par lesquelles Dieu amène à lui des pécheurs, mon regard se fixa comme instinctivement sur un rayon de ma bibliothèque chargé d'un bon nombre de biographies chrétiennes. Comment,

(1) A. Westphal, *Jehova, les étapes de la révélation dans l'histoire du peuple d'Israël*, Montauban, 1903, p. 44.

me dis-je, des individualités très différentes les unes des autres, souvent même très étrangères les unes aux autres, ont-elles été conduites à partager la même foi? En rapprochant les unes des autres ces diverses individualités, en comparant entre elles ces carrières religieuses si variées, serait-il possible de découvrir une loi — la loi de la conversion — qui serait, non la conséquence arbitraire d'une pression exercée sur les faits, mais la résultante logique et naturelle de ces mêmes faits? Après tout, n'est-il pas généralement admis que les faits sont produits par des lois qui les engendrent et les régissent? La conversion étant sans contredit un fait moral positif, pourquoi n'y aurait-il pas une loi de la conversion? Et pour découvrir cette loi quelle méthode plus simple et plus sûre y aurait-il que d'observer avec soin la personnalité d'hommes religieux en s'efforçant de la comprendre? N'est-ce pas ainsi que peut se faire le mieux l'étude la religion (1)? « Les biographies chrétiennes, a dit Tholuck, nous apprennent qu'il y a, dans le royaume de Dieu,

(1) Ch. Secretan, *le Principe de la morale*, p. 68.

des lois fondamentales devant lesquelles nous devons nous incliner (1). »

***

M'inspirant de ces pensées, je mis alors de côté, et comme au hasard de la main, une trentaine de biographies que je relus en notant avec soin les caractères propres de ces diverses conversions, leurs ressemblances et leurs divergences. Le champ de mes investigations aurait été infiniment trop étendu si je ne l'avais délibérément limité à ce petit nombre de biographies, et si l'on s'étonnait que, dans cette galerie de portraits, je n'aie pas fait une place, et une grande place, à des hommes qui ont marqué plus que d'autres dans l'histoire religieuse de leur temps, par exemple les Vinet, les Adolphe Monod, les Georges Muller, les Moody, les Spurgeon, etc , etc. je répondrais que ces grands noms m'ont paru si universellement connus dans le monde chrétien, que les lecteurs combleraient d'eux-mêmes et sans peine cette

(1) *Heures de recueillement chrétien.*

évidente lacune. Il m'a également paru que, pour mon propos, le résultat final serait le même.

Les témoins qui ont déposé ici devant moi en racontant leur vie, sont des hommes et des femmes, des ecclésiastiques, des médecins, des militaires, des hommes d'Etat, des publicistes et de simples particuliers. Les nationalités auxquelles ils ont appartenu n'ont pas été moins différentes que leurs vocations. Anglais, Allemands, Américains, Hollandais et Suisses se sont ainsi fraternellement groupés autour de moi. Et, quant aux églises respectives auxquelles se sont rattachés ces divers membres du Corps de Christ, c'étaient les églises épiscopales et presbytériennes, méthodistes et baptistes, luthériennes et réformées, nationales et indépendantes. Des Amis ou quakers, et même un prêtre catholique, ont également posé devant moi.

Ce que ces divers personnages ont eu de commun, ce qui les a tous conduits à Christ, tous unis à lui ; ce qui a fait de tous ces fidèles les membres d'un même corps dont Christ est le chef, en un mot quelle a été l'action spéciale

2

qui a fait de toutes ces âmes en quelque sorte une seule âme, et qui a constitué et continue à constituer, au sein d'un monde étranger à la vie de Dieu, ce que l'on peut, à juste titre, appeler la *Communion des saints*, c'est ce qui ressortira des pages qui suivent. En tenant compte des exigences de la psychologie dite religieuse dont le caractère scientifique s'accuse si fortement, je me suis appliqué, du moins dans la mesure du possible, à utiliser la méthode que cette science préconise.

1

LES BIOGRAPHIES

1

Aux premières années du xviiie siècle, soit en 1707, naissait, dans la famille du comte Ferrars, une enfant, Selina Shirley, qui devait, sous le nom de lady *Huntingdon*, exercer sur son temps une influence religieuse bénie (1). A cette époque de scepticisme, de légèreté et de sommeil spirituel pour l'Angleterre, la jeune comtesse de Huntingdon se distingua par la dignité de sa vie privée autant que par sa grâce et ses talents. Bien que l'éducation qu'elle avait reçue dans son enfance n'eût pas été de nature à la rendre pieuse, elle avait des aspirations éle-

(1) *Le Réveil religieux de l'Angleterre au xviiie siècle, ou lady Huntingdon et ses amis* Toulouse, 1858.

vées, Son cœur, que les splendeurs de la vie
aristocratique ne pouvaient satisfaire, soupirait
après des biens plus solides. Toute jeune fille,
lady Huntingdon avait éprouvé de profondes
émotions au bord de la tombe d'une de ses
amies, mais ces impressions revêtirent un caractère de force inexprimable lorsque l'une de ses
sœurs, lady Hastings, qui avait subi l'influence
d'un prédicateur de réveil, Ingham, et dont le
cœur avait été changé, vint la voir et lui fit
part de ce qui s'était passé en elle... Etonnée,
troublée, malade même, elle se trouva incapa-
ble de résister au Saint-Esprit ; — elle fit le
pas décisif en s'écriant : « Je me jetterai dans
les bras de Jésus-Christ, pour obtenir la vie et
le salut. » — Entièrement donnée au Seigneur,
elle goûte dès lors la joie et la paix du pardon.
Elle avait 32 ans. Sans perdre un instant, elle
appela auprès d'elle les hommes dont les conseils et la vie pouvaient le mieux la diriger
dans le chemin où elle venait d'entrer. C'étaient
ces prédicateurs de réveil dont les noms sont
demeurés célèbres dans les annales de l'Eglise
de Christ à cette époque, les Whitefield, les
Wesley, les Ingham. C'était également l'épo-

que où Watts composait ses pieuses *hymnes* religieuses et où Doddridge publiait son excellent
petit livre sur *les commencements et les progrès*
de la vraie piété. Ces deux derniers serviteurs
de Dieu appartenaient bien à la dissidence,
mais ils n'étaient pas wesleyens. Dans sa largeur
de cœur, lady Huntingdon ne voyait du reste
dans tous ces hommes que des prédicateurs de
la grâce. Dans sa piété, elle entrera en rapports
avec La Fléchère, et elle fera de Whitefield et
de Romaine ses chapelains particuliers.

Le comte Huntingdon s'associait de tout cœur
à l'activité que sa femme, aussitôt après sa
conversion, s'était mise à déployer dans l'œuvre
de l'évangélisation ; activité que des épreuves
successives, la mort de plusieurs enfants, celle
du comte qui la laissait veuve à 39 ans, bien
loin d'arrêter, ne firent que rendre plus ar-
dente et plus énergique. Lady Huntingdon r
craignait pas de s'exposer à toutes les fatigues
et parfois aux dangers que présentaient de
longs voyages pour évangéliser des multitudes dont l'ignorance, le formalisme ou l'impiété étaient incroyables. En 1748, elle ouvrait
sa splendide habitation de Chelsea à la prédica-

tion de l'Evangile et elle y voyait assister des
hommes tels que Bolingbroke, le célèbre homme
d'Etat qui a malheureusement mérité d'être
appelé un précurseur de Voltaire, et Chester-
field, cet autre homme d'Etat, dont les *Lettres
à son fils* ont fondé la réputation d'écrivain,
mais qui, de même que Bolingbroke, a été un
des porte-voix de l'incrédulité de son temps
en Angleterre. Toujours infatigable, Lady
Huntingdon, partout où elle le pouvait, en
divers comtés de l'Angleterre et du pays de
Galles, élevait des chapelles qu'elle mettait
joyeusement au service des pasteurs fidèles de
toutes dénominations.

Cette noble et sainte femme est morte en 1791,
après avoir, durant sa longue carrière terrestre, consacré ses talents, ses forces et ses
richesses à avancer le règne de Dieu au milieu
de son peuple.

Et maintenant, si nous cherchons à nous
rendre compte du travail de l'Esprit de Dieu
dans le cœur de cette pieuse chrétienne, nous
ne manquerons pas d'y reconnaître les divers
moments qui constituent ce qu'on peut appeler
l'ordre de la grâce. Il y a eu sans doute un tra-

vail préparatoire à la conversion dans les heureuses dispositions naturelles d'un esprit élevé, dans les aspirations d'une âme profonde, mais ce travail ne s'accomplissait pas dans les conditions favorables d'un milieu imprégné de piété. Les conditions sociales et économiques qui caractérisaient ce milieu auraient été plutôt de nature à rendre impossible ou, tout au moins, à entraver gravement le travail préparatoire. D'autre part, ce cœur aspirait à un repos, à une certitude morale, à une paix que les circonstances matérielles, toutes favorables qu'elles parussent, étaient incapables de procurer. Au fond, ce trouble de l'âme, cette inquiétude, cette absence de paix, — qu'était-ce au fond que le sentiment, la conviction du péché, — le réveil de la conscience, la crise de la conversion, et enfin, la nouvelle naissance par le don absolu de soi-même à Jésus-Christ, le Sauveur?

Toute conversion véritable, — toute nouvelle naissance produite par l'action du Saint-Esprit, — se manifeste par une vie nouvelle dont l'un des caractères les plus sensibles est l'activité pour le bien, l'emploi des grâces reçues pour avancer le règne du Seigneur dans les âmes.

Nous voyons cette activité devenir un besoin immédiat pour la jeune comtesse de Huntingdon. Dès lors, elle ne sera plus à elle-même ; tout, chez elle, appartiendra à celui par la grâce duquel elle est devenue une nouvelle créature. Désormais, sa marche au milieu de la société fournira une preuve sans cesse renouvelée qu'elle s'est bien réellement jetée dans les bras de Jésus et que, par l'action toute puissante du Saint-Esprit, elle a bien trouvé en lui la vie et le salut.

2

Georges Whitefield (1714-1770) qui, nous l'avons vu, fut un des chapelains particuliers de lady Huntingdon, et dont l'activité comme évangéliste, et la puissance comme orateur sont demeurées célèbres dans l'histoire religieuse de l'Angleterre, n'avait point été préparé par les circonstances de sa jeunesse, pas plus que par ses conditions de famille, à jouer le rôle qui a fait de lui un des plus grands prédicateurs de réveil du monde chrétien (1). Arrière-petit-

(1) *Vie de Rev. G. Whitefield.* Toulouse, 1839.

fils d'un pasteur, mais fils d'un aubergiste qui le laissa orphelin à deux ans, il eut, malgré la tendresse de sa mère qui s'appliquait à lui donner une bonne éducation, une jeunesse orageuse, vicieuse même. Jusqu'à l'âge de 16 ans il se livrait sans scrupules à son goût pour le théâtre, pour la lecture des romans. Cependant, chose curieuse ! tout en aidant sa mère à diriger son hôtel, — tout en se livrant à des occupations toutes matérielles, — il commence à s'occuper de son âme ; il lit la bible, il éprouve le désir d'étudier et même d'embrasser la carrière pastorale. A Oxford, il se voit exposé à de grandes tentations de la part de camarades déréglés. Il résiste et se rapproche d'étudiants devenus sérieux, tels que les frères Wesley et d'autres auxquels on avait donné le surnom dérisoire de *méthodistes*... Toutefois, bien que se plaisant dans la société de ces jeunes chrétiens, bien que faisant lui-même des visites à des malades et à des affligés, Whitefield ignorait encore le seul fondement de la paix.

Cette paix il la cherchait dans des austérités corporelles, des jeûnes, des privations. Le trouble de son âme n'en était pas atténué.

« Quand, raconte-t-il lui-même, je m'agenouil-
lais, je me sentais un grand abattement d'âme
et de corps, et j'ai souvent plié sous le poids
jusqu'à ce que je fusse couvert de sueur. Dieu
seul sait combien de nuits j'ai passées sur mon
lit à pousser des gémissements. Durant des
journées et des semaines entières, je suis resté
prosterné sur le plancher, priant tantôt inté-
rieurement, tantôt à haute voix. » A la fin, il
put saisir Jésus-Christ et il reçut l'esprit d'a-
doption. C'est alors que son âme fut *inondée
de joie*; le poids du péché était enlevé, et sa
santé elle-même — qui avait été ébranlée par
suite de cette terrible lutte — était raffermie.

En 1736, à l'âge de 22 ans, Whitefield recevait, dans l'église anglicane, le premier des
ordres sacrés, soit le diaconat et il se consa-
crait entièrement au service de Dieu. Trois ans
plus tard, il obtenait la consécration au Saint
Ministère, mais peu à peu, les églises officielles
lui étaient fermées et il se voyait réduit à donner, en plein air, à des multitudes, ces prédi-
cations qui lui permettaient de laisser libre essor
à son zèle ardent aussi bien qu'à sa remarquable éloquence. On sait que l'activité de ce

grand évangéliste populaire s'est déployée non seulement en Angleterre, en Ecosse et en Irlande, mais encore en Amérique où il est mort.

Chez Whitefield, le trouble intérieur produit par le sentiment du péché revêt un caractère d'acuité qui n'apparaît pas au même degré chez Lady Huntingdon, bien que ce trouble soit, chez tous les deux, de même nature. A cet égard, on peut bien dire que le tempérament individuel y est pour quelque chose. Les impressions peuvent être partout aussi réelles, aussi sérieuses et profondes, sans que les manifestations extérieures, — ou même l'agitation intérieure — se présentent avec la même intensité. Chez Whitefield aussi, ce trouble intérieur, ce réveil de la conscience, cette conviction douloureuse du péché, amènent l'âme au pied de la Croix du Christ et lui font saisir en Jésus celui qui, de la part de Dieu, apporte au pécheur repentant le pardon et la paix. La joie du salut est chez Whitefield, comme chez Lady Huntingdon, le sceau de la régénération par l'Esprit. Elle témoigne hautement de la réalité et de la profondeur de la nouvelle naissance. Et cette joie elle-même pousse celui qui en est

animé à une activité qui n'est, après tout, qu'un
acte de reconnaissance envers celui qui a commencé l'œuvre et qui l'achève dans la sanctification du nouveau-né de l'Esprit.

3

En 1768, la comtesse Huntingdon faisait la
connaissance d'un homme qui, lui aussi, a
occupé une grande place parmi les promoteurs
du réveil de cette époque en Angleterre. Cet
homme était *Jean Guillaume de la Fléchère*. Né
en 1729 à Nyon, — dans le pays de Vaud, — il
avait hérité de son père, qui était colonel, des
goûts militaires, à tel point qu'après avoir fait
quelques études à l'Académie de Genève, il
s'engagea à Lisbonne sur un vaisseau de
guerre, pour passer de là en Hollande, en qualité d'officier (1).

Malgré ses goûts militaires, qui n'avaient pas
eu l'approbation de ses parents, La Fléchère
avait, de bonne heure, appris à craindre Dieu.
Sa santé délicate l'avait mis, dans son enfance,

(1) *Vie de M. de la Fléchère*, Lausanne, 1826.

à plusieurs reprises, en présence de la mort. A la vérité, et malgré les apparences d'une piété précoce, il n'en restait pas moins étranger au véritable esprit du christianisme. Sa religion consistait essentiellement dans des formes et des pratiques extérieures.

A 23 ans, La Fléchère était à Londres où il remplissait les fonctions de précepteur, lorsqu'il entendit un sermon qui le convainquit qu'il ne comprenait pas la nature de la foi efficace et qu'il était encore dans sa propre justice. Après bien des luttes, il saisit enfin cette vérité capitale que l'action immédiate de l'Esprit de Dieu peut seule produire en nous la vraie foi. Par moments, la lutte qui se livrait en lui avait été si vive qu'il était sur le point de désespérer de lui-même. A ce propos, il parle d'un songe au cours duquel il s'était vu parmi les damnés. Au réveil, il ne put que remercier Dieu d'être encore au temps de la miséricorde, mais son abattement était profond. Enfin, la parole du psaume LV, 22, « Remets ton souci sur l'Eternel et il te soutiendra », fit pénétrer la paix dans son cœur; il se sentit vraiment *affranchi*. Il avait alors 26 ans.

Sa vie ainsi transformée, La Fléchère éprouva un ardent désir d'évangéliser autour de lui quoiqu'il ne parlât l'anglais que d'une manière imparfaite. Encouragé par l'action sensible qu'il exerçait sur ses auditeurs, il se prépara pendant deux ans à remplir les fonctions du ministère et, en 1760, il devenait pasteur de Madeley, paroisse dont l'état spirituel était des plus misérables, un *séjour de ténèbres*, disait-il, mais où il demeura 25 années, au milieu de beaucoup de difficultés, de peines et même de persécutions. C'est à Madeley qu'il est mort, à l'âge de 56 ans, le 15 août 1785.

A l'époque où La Fléchère parut, la religion ne consistait plus guère qu'en un christianisme assez tiède, qui favorisait chez ses adeptes le sentiment de la propre justice résultant de pratiques extérieures incapables d'engendrer une vie vraiment religieuse. Le milieu dans lequel La Fléchère naquit était celui de la haute bourgeoisie, honnête et respectueuse des formes ; de là, les impressions de son enfance, mais aussi l'obscurité dans laquelle il serait demeuré si, à Londres, il n'avait entendu proclamer la vérité salutaire d'une manière plus nette que ce

n'était ordinairement le cas, surtout au pays de
sa naissance. Ici encore, l'œuvre du saint Esprit est caractérisée par les mêmes phénomènes
que chez d'autres convertis : c'est le sentiment
douloureux du péché, c'est l'assurance de l'a-
mour du Dieu qui pardonne, c'est l'affranchissement, c'est une vie nouvelle qui se traduit
par une activité à la gloire de Dieu.

4

La Fléchère n'était plus jeune lorsqu'en 1781
il épousa miss Bosanquet, avec laquelle il devait mener, durant une trop courte période de
4 ans, une vie commune de foi, d'activité pour
le Seigneur, de progrès spirituels ; vrai couple
de saints, comme s'exprime le biographe de
Marie de la Fléchère (1).

Née au sein d'une famille riche, mondaine,
formaliste, et à une époque de torpeur religieuse
et d'indifférence quant à la propagation des vérités chrétiennes, Marie Bosanquet fut cependant
attirée dès sa plus tendre jeunesse par l'Esprit

(1) *Vie de Marie de la Fléchère*, par Henri Mooré, Paris,
1830.

de Dieu, et, dès l'âge de 4 ans, elle éprouvait
des impressions sérieuses. Le travail de la nouvelle naissance devait cependant se heurter
chez elle à de nombreux obstacles : d'un côté
l'opposition très prononcée de ses parents
à tout ce qui était positivement religieux, leurs
efforts pour vaincre la répugnance qu'elle
éprouvait à aller dans le monde et à participer
à ses plaisirs ; de l'autre, son caractère très
impressionnable, quelque peu porté au mysti-
cisme, à l'étroitesse, tout cela contribuait à
l'agiter, à la troubler, à ébranler même sa santé
et à semer devant ses pas des tentations redou-
tables pour sa jeunesse. Ces luttes au sein de
sa famille où elle était, dit-elle, « comme au
milieu d'une fournaise », étaient rendues plus
vives par le sentiment toujours plus net qu'elle
devait se convertir. Cette nécessité lui était ap-
parue avec une grande force lorsqu'elle avait
vu sa sœur aînée se donner au Seigneur et
entendu une servante pieuse rendre témoignage
à la grâce de Dieu. La lecture de deux vers
exprimant la nécessité de mettre toute son
espérance en Jésus, avait bien paru répandre
la lumière et la joie dans son cœur, et même

l'assurance du pardon, mais cette brillante aurore s'était, semblait-il, promptement obscurcie. Il n'en était rien toutefois, et les relations que Marie Bosanquet ne tarda pas à nouer avec de pieux méthodistes furent le moyen dont l'Esprit de Dieu se servit pour l'amener à l'affranchissement.

L'action exercée sur Mᵐᵉ de la Fléchère par le méthodisme wesleyen, pour aussi forte qu'elle ait été, en produisant en elle une vie religieuse pleine d'intensité, n'empêcha pas cette chrétienne d'élite d'avoir un grand amour pour les âmes et une grande largeur de vues. Au besoin, son mariage avec un ministre de l'église anglicane le prouverait. Elle-même, tout en formant des sociétés sur le type wesleyen, n'avait pas rompu avec l'Eglise d'Angleterre. Mais conformément à la pratique des chrétiens méthodistes, elle s'appliqua à évangéliser tout autour d'elle. A Madeley, paroisse de son mari, elle tenait des réunions religieuses pour les personnes de sa maison et appelait des ministres wesleyens à prêcher dans sa chapelle.

Le bonheur domestique de Mᵐᵉ La Fléchère fut brusquement interrompu par la mort de

son mari. Ce départ fut suivi, pour celle qui
restait seule, d'heures bien sombres, de
moments de véritable détresse, jusqu'au jour
où elle put reconnaître que Dieu lui montrait
« que le seul moyen de supporter la croix avec
profit, c'était de la porter en travaillant à son
œuvre ». Dès lors, elle reprit avec un nouveau
courage le travail auquel elle avait consacré
toutes ses forces. « Seigneur, s'écria-t-elle,
absorbe-moi plus profondément en toi-même. »
C'est dans ces sentiments de pleine soumission
à la volonté de Dieu, qu'elle arriva, le 9
décembre 1815, au terme de sa carrière terrestre. « Quoique, disait-elle, je ne connaisse
que les traces des pas de mon Sauveur sur
la terre, je sais qu'en me les montrant, il me
conduit droit au ciel. »

Le milieu dans lequel Marie Bosanquet était
née aurait bien été de nature à opposer un obstacle insurmontable à sa conversion, et cependant c'est dans un pareil milieu que le Saint-
Esprit devait faire éclater sa puissance. Le vent
souffle où il veut ; nous en avons ici un nouvel
exemple. L'action de la grâce prévenante n'em-
pêchera sans doute pas que le cœur ne devienne

par moments le théâtre d'une lutte douloureuse jusqu'à ce que ce cœur se donne entièrement au Seigneur, mais la victoire est déjà implicitement garantie par cette lutte elle-même. Le trouble intérieur produit par l'appel à la conversion est précisément de nature à rendre plus aigu et plus amer le sentiment de piété, à faire naître un besoin intense de pardon et de paix. Quelles que soient donc les influences diverses et multiples qui s'exercent sur un cœur d'homme pour l'amener au sacrifice de soi-même, on peut dire que ces influences concourent d'une manière harmonique à la victoire dernière et définitive du Saint-Esprit.

5

Le serviteur de Dieu dont nous allons retracer sommairement la carrière terrestre écrivait un jour: « Il est certaines conversions qui se sont opérées d'une manière si secrète que les autres ne les remarquent pas, et que ceux-là mêmes dont les cœurs ont été changés ont peine à s'en rendre compte. » Ces paroles de *John Newton*, pour si justifiées qu'elles soient par les faits, ne semblent pas, au premier abord, pouvoir rendre compte de sa conversion à lui, car il aurait pu, comme d'autres, être comparé à un *tison arraché du feu* (1).

Né en Angleterre en 1725, John Newton passa son enfance dans un milieu pieux, car si son père était un homme honnête mais froid, sa mère était une chrétienne zélée et pleine d'expérience. C'est le témoignage que lui rendait son fils, son unique enfant, en constatant que « les tendres compassions du Seigneur envers lui s'étaient manifestées dès le commencement de sa vie ». Malheureusement, cette mère, qui, semble-t-il, aurait été d'un si précieux secours à son enfant, lui fut enlevée alors qu'il n'avait que 7 ans. Son père, qui commandait un vaisseau marchand dans la Méditerranée, l'emmena avec lui et c'est ainsi que commença pour John une vie des plus aventureuses. Il a raconté lui-même la lamentable histoire de sa carrière de matelot tantôt sur un vaisseau de guerre où il était « aussi malheureux que l'on puisse être », tantôt sur un

(1) *Vie du révérend John Newton*, Paris, 1842.

navire de commerce ; esclave chez un planteur de la Guinée ; puis, à son tour, capitaine d'un vaisseau négrier et faisant la traite des noirs, pour arriver, en dernier lieu, à remplir les fonctions d'un inspecteur des douanes à Liverpool, « vie, dit il, aussi douce et uniforme qu'elle avait été variée et agitée pendant les années précédentes ».

Agitée, certes elle l'avait été cette vie qui contrastait si fort avec les premières impressions de l'enfant assis sur les genoux de sa pieuse mère. Vie semée de chutes et de relèvements, de combats entre le péché et la conscience ; de ténèbres et de misères ; vie qu'il a dépeinte en disant qu'il semblait parfois n'avoir plus aucune crainte de Dieu devant les yeux et être entièrement sourd à la voix de sa conscience ; blasphémateur, violent, scandalisant les autres matelots et son capitaine lui-même, il paraissait, dit-il, « avoir tous les caractères de l'impénitence finale et de la réprobation ».

L'heure du réveil sonnerait-elle jamais pour un pécheur aussi endurci ? A la veille d'une tempête, une pensée traverse l'esprit de John

Newton ; il ouvre négligemment le livre de
l'*Imitation de Jésus-Christ* et se dit : « Si tout
cela était vrai ? » Ne pouvant supporter la pensée de ce qui en résulterait pour lui, il ferme le
livre, mais sa conscience a encore une fois
« rendu témoignage contre lui ». La tempête qui
menaçait éclate, furieuse : la mort est là.
Ebranlé, remué, John doute du pardon de
Dieu. Cependant ce 10 mars de l'an 1748 devait
être un jour bien mémorable pour lui. « Ce
jour-là, le Seigneur me tira des grosses eaux. »
Au gouvernail, où il est placé, il a le loisir de
réfléchir. « Je me souvins d'avoir fait jadis
profession de piété à plusieurs reprises, je
repassai dans ma mémoire les événements
extraordinaires de ma vie, les appels, les aver-
tissements, les délivrances dont j'avais été
l'objet, mes conversations licencieuses, en particulier l'effronterie sans égale avec laquelle je
tournais constamment en ridicule l'histoire de
l'Evangile sans être bien sûr qu'elle fût fausse,
comme je ne l'étais pas, dans ce moment,
qu'elle fût vraie. Je me dis qu'à en juger d'a-
près l'Ecriture on n'avait jamais vu et l'on ne
pourrait jamais voir un plus grand pécheur que

moi, et, mettant ensuite ma conduite en parrallèle avec les avantages qui m'avaient été accordés et que j'avais méprisés, j'en conclus aussitôt que mes péchés étaient trop grands pour être pardonnés »

Voilà le réveil ! John Newton est convaincu de péché. L'affranchissement viendra à son heure. Il y a encore des obscurités. John lit la Bible, il prie ; sa prière n'est pas encore celle de la foi, elle est « semblable à ce cri des corbeaux que le Seigneur ne dédaigne pas d'écouter ». Il se sent condamné par son propre cœur et il compte encore sur sa propre force « pour faire mieux à l'avenir ». Ce n'est que *par degrés* qu'il est éclairé et il s'écoulera encore des années, pendant lesquelles même il se relâchera, il s'endormira de nouveau, pour rentrer enfin en lui-même au cours d'une maladie et passer par une crise de désespoir. Mais « la puissante main de Dieu l'a trouvé » et il est « délivré de la puissance et de l'empire du péché ».

La pieuse mère de John Newton avait désiré que son fils devînt pasteur. Au cours des événements que nous venons de rappeler qui aurait

jamais cru que ce désir se réaliserait un jour?
Après sa conversion, l'influence de quelques
amis chrétiens poussait John dans ce sens, mais
cette pensée ne lui inspirait tout d'abord que
de l'effroi. Nous ne dirons pas par quelles étapes
il lui fut possible d'arriver, le 19 avril 1764, à
se faire consacrer comme ministre de l'Eglise
établie et à obtenir le poste d'Olney où son travail devait être abondamment béni.

John Newton est mort à l'âge de 81 ans, le
21 décembre 1807. Plusieurs de ses écrits ont
été traduits en français, entre autres : *Omicron,
Cardiphonia, Vingt lettres à une jeune personne*, ouvrages que la génération du Réveil a
su apprécier à leur haute valeur.

La conversion de John Newton est — comme
celle de beaucoup d'autres chrétiens — la confirmation authentique de ces paroles que nous
lisions naguère dans une publication religieuse : « Le Saint-Esprit est la liberté et il ne
s'est pas astreint à agir de même chez tous,
ni chez chacun au même instant de la même
façon (1). »

(1) *La foi et la vie*, 1ᵉʳ octobre 1901. (Etudes sur la
dissolution de la foi par H. Bois).

6

Le récit de la vie de *Thomas Scott* fournirait au besoin une nouvelle preuve du bien fondé de cette affirmation (1). Entre cette vie et celle de John Newton, avec lequel Scott fut intimement lié, les analogies sont nombreuses et frappantes.

Thomas Scott, né en 1747 dans le comté de Lincoln, appartenait à une famille d'humble condition. Son père, qui faisait le commerce des bestiaux, paraît avoir manqué presque totalement d'éducation. En revanche, sa mère — qui n'eut pas moins de 13 enfants — semble avoir possédé une excellente méthode pour élever et instruire sa nombreuse famille.

Quant à Thomas, il montra de bonne heure un penchant pour plusieurs vices, ce qui lui attirait de sévères corrections. Sa désobéissance l'exposa un jour au danger de se noyer et il était souvent malade. D'un caractère ardent, violent même, il avait la passion du jeu et ne se

---

(1) *Vie du Rev. Thomas Scott.* Trad. de l'anglais, Genève, 1835.

faisait pas scrupule de commettre des larcins.
Aussi, faisant plus tard un retour sur ses jeunes
années, reconnaissait-il, — comme le faisait
John Newton — que « la crainte de Dieu n'é-
tait point devant ses yeux ». Par quelles péripéties allait-il passer avant d'entendre les
premiers appels de la grâce, ou plutôt, de prêter
une oreille sérieuse à ces appels? Apprenti
pharmacien, sa mauvaise conduite le fait ren-
voyer par son patron. Valet de ferme, mal
entouré, il se livre à de grossières débauches.
A l'âge de 26 ans, il ne sait encore quelle carrière
embrasser ; mais, chose étrange, dans une situation qui a quelque chose d'abject, il est
saisi par l'idée d'entrer à l'Université, il vise au
pastorat et, encouragé par un pasteur qui a
reconnu en lui de sérieuses capacités, il entreprend des études. Sa conduite devient régulière,
il fréquente le culte public, il participe même
à la sainte Cène. Cependant, chez lui, le fond
est encore le même, et il a décrit cet état sin-
gulier dans un petit livre intitulé : *la Force de
la vérité*. Chose plus extraordinaire encore !
Lorsque, après l'achèvement de ses études, il
arrive à se faire consacrer, ses dispositions

d'esprit sont telles que, plus tard, il regardait cet acte « comme ayant été le péché le plus horrible de sa vie », les motifs qui l'y avaient déterminé étant d'une nature toute matérielle et d'un intérêt purement humain.

Thomas Scott était pourtant destiné de Dieu à exercer, tant par son ministère que par ses écrits, une grande et salutaire influence. Mais comment l'Esprit de Dieu le mettrait-il en mesure d'exercer cette influence? Il le raconte lui-même dans des pages du plus haut intérêt. Déjà à l'âge de 16 ans, et lorsqu'il était apprenti pharmacien, il éprouva une *sérieuse conviction de péché*. Seulement il s'imaginait qu'il lui serait possible de réformer sa vie dès qu'il en aurait la volonté. Aussi, malgré des troubles de conscience fréquents, était-il toujours vaincu et ses impressions sérieuses s'évanouissaient-elles promptement. Cette préoccupation de triompher du mal avec ses propres forces ; cette méconnaissance de sa faiblesse naturelle devaient entraver longtemps encore l'œuvre du Saint-Esprit dans son cœur. Bien que pasteur en fonctions déjà depuis plusieurs années Scott vivait « sans aucun culte privé ». Il ne voulait, dit-il, prier que « lorsqu'il aurait commencé la réforme de sa conduite ». C'est seulement à l'époque de son mariage qu'il établit chez lui un culte domestique, pour lequel il se sert de formulaires imprimés. Il cherche encore à connaître la vérité telle qu'elle est en Jésus.

Malgré les obscurités de son esprit et de son cœur, Thomas Scott était sincère dans sa recherche de la vérité et il devait la trouver un jour. En 1775, raconte-t-il, « le Seigneur daigna amener son cœur rebelle à la vraie repentance ». Les sentiments de cette nature qu'il avait éprouvés jusqu'alors étaient trop superficiels et ce qu'il appelait une conviction de péché n'avait été qu'une conviction de l'esprit. Maintenant le cœur est vraiment touché et c'est ce dont témoigne son premier sermon après cet heureux changement ; sermon sur Galates, III, 22 (1). C'est bien là ce qui doit être appelé la *conviction de péché*. Et toutefois, chez Scott, l'élément intellectuel était encore si fort qu'il ne

_____

(1) « L'Ecriture a montré que tous les hommes étaient pécheurs, afin que la promesse par la foi en Jésus-Christ fût donnée à ceux qui croient »

pouvait être amené que par degrés à se sous-
traire à son action. Il le fut en effet, à mesure
que la vérité évangélique pénétra dans son
esprit et dans son cœur. La conversion était
bien réelle, malgré quelques doutes sur des
points de doctrine ; doutes qui disparurent à
leur tour pour ne laisser plus après eux qu'une
certitude parfaite.

En 1821, Thomas Scott quittait ce monde.
Parmi les nombreux ouvrages qu'il a composés
et dont il a enrichi l'Eglise, nous mentionne-
rons, outre la *Force de la vérité*, déjà citée, ses
Commentaires sur les Saintes Ecritures et ses
*Essais sur les sujets les plus importants de la re-
ligion*, qui ont été en grande partie traduits en
français. Chez Thomas Scott, comme chez
Newton, on peut dire qu'il y eut quelque chose
de tragique dans la manière dont le Saint-
Esprit triompha en eux des fortes résistances
naturelles.

7

Le xviiie siècle, que l'on a appelé emphati-
quement le siècle des lumières, a été un temps

de sommeil spirituel et même d'incrédulité
ouverte pour une grande partie de l'Europe
christianisée. Ce fut le cas en Angleterre où
s'exerçait la pernicieuse influence de ceux qu'on
a désignés sous le nom de théistes. Ce fut le cas
en France, où une philosophie matérialiste se
répandait par le moyen des écrits des Encyclo-
pédistes. Ce fut encore le cas en Allemagne,
où bon nombre de savants théologiens atta-
quaient les bases mêmes du christianisme. Cependant, comme Dieu ne se laisse jamais sans
témoignage au sein de la société humaine,
dans ces divers pays des hommes se rencontrè-
rent qui relevèrent le drapeau de l'Evangile et
le déployèrent courageusement (1). En Angleterre, nous avons pu signaler l'œuvre d'élo-
quents prédicateurs et de pieux pasteurs, tels
que les Whitefied, les Wessley, les La Fléchère, les Scott, etc. En France, ce sont les

---

(1) Tandis que la première moitié du xviii° siècle avait
été témoin d'une épouvantable décadence, avant-cou-
reur, semblait-il, d'une apostasie complète, la seconde
moitié, au contraire, avait été, pour le réveil de la
piété et pour la prédication d'appel, l'époque la plus
remarquable qu'on eût vu depuis les jours de Paul.
Pierson, *les Nouveaux Actes des Apôtres*, p 27.

huguenots persécutés qui maintiennent allumé
le flambeau de la vérité chrétienne prêt à s'é-
teindre. Toutefois, lorsque, dans ce grand
pays, on arrive aux dernières années du siècle,
il semble que l'incrédulité et le matérialisme
soient bien près de remporter une victoire
décisive. Les temps de la révolution et de l'empire se montrent désastreux pour la religion en
général. En Allemagne, dans la dernière moitié du xviiie siècle, on peut, chose curieuse,
signaler, au sein du catholicisme, des tendances assez marquées vers le gallicanisme qui
avait été jusqu'alors le caractère distinctif de
l'Eglise catholique en France. Le jansénisme
y rencontre quelque faveur, tandis que le luthé-
ranisme se laisse trop pénétrer par la philosophie rationaliste. C'est l'époque des réformes
introduites en Autriche par l'empereur Joseph
II. Dans ce pays, comme en Bavière, on signale
l'existence de catholiques dont les tendances
sont plus spirituelles et plus bibliques que
dans d'autres provinces. Les noms des plus
célèbres d'entre ces représentants d'un catholicisme épuré, sont demeurés et méritent d'être
rappelés. C'étaient les Sailer, les Wessenberg,

évêque de Constance, les Jahn, les Hug, les
Martin Boos, etc.

Sailer, né en 1751, prêtre bavarois, puis successivement professeur de théologie à Ingols-
tadt, et évêque de Ratisbonne. Il est mort en
1831. Son activité religieuse fut considérable.
Malheureusement ses efforts, ainsi que ceux de
Wessenberg, pour réformer l'église catholique,
n'eurent que des succès partiels et momenta-
nés. Cependant, on peut dire qu'à cette époque
il y eut un vrai réveil religieux en Bavière.

Un des ouvriers les plus marquants de ce
réveil, fut le curé *Martin Boos*, qui subissait
très fortement l'influence de Sailer (1). Né en
1762 dans une famille de paysans aisés, il perdit ses parents, emportés par une épidémie,
lorsqu'il n'avait que 4 ans, mais il fut élevé à
Augsbourg par un oncle.

Dès sa jeunesse, il fut rempli de la crainte de
Dieu et il manifesta le désir de devenir prêtre.
Ce désir se réalisa en effet, après qu'il eut fait
ses études en partie chez les Jésuites, en par-

---

(1) *Vie de Martin Boos*, curé évangélique, par *S. Des-
combaz*, Valence, 1842.

tie à l'université de Dillingen. Placé comme chapelain dans un bourg de la Basse Souabe, il était encore étranger à la foi vivante, au renouvellement du cœur. Conséquent avec les enseignements de son église, il cherchait le salut par les œuvres et ses efforts ne lui procuraient pas la paix de l'âme.

Boos a raconté lui-même comment il avait été réveillé et amené à la foi. « C'est, dit-il, le Christ, c'est la main du Père qui m'a attiré vers le Fils. » Il semble, d'après cela, qu'il y aurait eu chez lui une illumination intérieure, sans l'intervention de circonstances spéciales, comme cela se produit souvent dans le travail de la conversion. Il a pu, cependant, sans qu'il s'en rendît compte exactement, subir une action indirecte dans le milieu même où il se trouvait placé. Le sentiment du péché semble avoir été de bonne heure éveillé chez lui. D'autre part, il est certain que l'Esprit de Dieu peut agir sur un cœur d'homme sans emprunter des intermédiaires humains.

Parvenu à la claire possession de la vérité évangélique, Boos la prêcha avec force, et sa prédication attira des foules partout où il fut

4

appelé à exercer des fonctions de curé. La jalousie des prêtres provoqua aussi partout de l'agitation, une opposition violente, de réelles persécutions contre Boos. Tantôt emprisonné, tantôt obligé de fuir de lieu en lieu, il se réfugia en Autriche. Ce ne fut pas pour longtemps et, victime d'une émeute, suspendu par son évêque, emprisonné de nouveau, il finit par se retirer en Prusse où il termina ses jours, en pleine paix, comme curé de Sayn près Coblence, en 1825.

Dans l'étude que nous faisons des voies de Dieu dans la conversion des pécheurs, le cas de Martin Boos nous paraît tout particulièrement intéressant. Nous ne nous étonnons pas beaucoup de voir des hommes placés, — comme c'est le fait dans les églises évangéliques, — sous l'influence directe d'un christianisme biblique, arriver à la foi et à la vie nouvelle ; mais l'action déprimante du catholicisme romain sur l'esprit et le cœur est plutôt de nature à les remplir de ténèbres qu'à les éclairer et, d'une manière générale, c'est bien ce qu'on peut constater. Ce sera donc par une intervention toute spéciale et merveilleuse du Saint-

Esprit qu'un catholique romain, un prêtre surtout, sera amené à saisir tout ce qu'il y a de
tragique dans le péché de l'homme et tout ce
qu'il y a de miraculeux dans l'œuvre de la
rédemption. La justification par la foi, cette
doctrine essentielle du christianisme biblique,
cette doctrine qui a fait d'un moine le réformateur de l'Allemagne et qui a été la pierre
angulaire du travail réformateur en tous
pays, — la justification par la foi, voilà ce que
le curé Boos avait trouvé dans les Ecritures, ce
qui a fait de lui un prédicateur évangélique,
un témoin de la vérité au sein d'une Eglise
déchue. Ici encore, nous avons une nouvelle
preuve que « le vent souffle où il veut », et que,
dans toutes les églises, comme dans toutes les
classes de la société humaine, on rencontre, à
la gloire de Dieu, des nouveau-nés de l'Esprit.
Martin Boos ne fut pas le seul de son temps
et dans son église, et il n'a pas été le dernier
dans cette même église à démontrer que toujours l'Evangile est la puissance de Dieu en
salut pour tout croyant.

8

Avec le pasteur *Legh Richmond*, nous reve-
nons à l'Angleterre (1). Né à Londres en 1773,
il appartenait à une famille distinguée. Son
père était docteur et sa mère une femme supérieure. Tous deux étaient pieux, et leur fils,
doué lui-même d'un heureux caractère, fut
élevé dans une atmosphère de piété, à l'abri de
grandes tentations. A l'Université de Cam-
bridge, sa conduite fut exemplaire, et, à l'âge de
22 ans, il se décidait à embrasser la carrière
pastorale. En 1798, il recevait la consécration
au saint ministère et il était appelé successivement à remplir divers postes soit dans l'île
de Wight, soit à l'hôpital de Lock, à Londres,
soit enfin à Turwey, dans le Bedforshire. En
1814, il devenait un des chapelains du pieux
duc de Kent, le père de la future reine Victoria.

A cette époque, l'état religieux de l'Angleterre, comme celui de l'église *établie*, était
assez triste. Qu'on en juge par ce qu'en dit

(1) *Vie du Révérend Legh Richmond,* par *Grimshawe,*
Genève, Paris, 1838.

Legh Richmond : « Notre église nationale soupire et gémit continuellement de voir entrer chaque jour dans son sein tant d'indignes ministres. Chaque année, des parents, des protecteurs, des universités versent dans l'église un torrent de jeunes gens incapables de remplir les devoirs de leur vocation et augmentant ainsi devant Dieu notre culpabilité nationale. Aussi que voit-on ? Les âmes sont négligées et se perdent, la bigoterie et l'ignorance marchent tête levée, l'orgueil ecclésiastique l'emporte sur la sainteté. Faut-il donc s'étonner de voir l'église établie méprisée, insultée, abandonnée ? » En 1825, Richmond parlait du « demi-siècle de rationalisme qu'il venait de traverser ». Lui-même avait passé par une phase d'orthodoxie morte avant de parvenir à la pleine lumière.

Comment s'opéra cette illumination intérieure ? Il l'attribuait sans doute à l'étude de la Bible et des écrits des réformateurs, mais un livre exerça alors sur lui une influence profonde et bénie ; c'est l'ouvrage de Wilberforce sur le *Christianisme des gens du monde.* « C'est, dit-il, à un livre que je n'avais ni cherché, ni désiré

que je dois, par la grâce de Dieu, les saintes
impressions que j'ai reçues sur la nature spirituelle du système évangélique, sur le vrai caractère de la religion, sur la corruption du cœur
humain et sur le salut par Jésus-Christ. »

Le résultat de ce qu'on peut bien appeler
cette conversion fut le grand succès qu'obtint
dès lors la prédication de Legh Richmond. Il a,
du reste, indiqué lui-même sa *méthode*. « Jamais,
raconte-t-il, je ne perds de vue l'opération du
Saint-Esprit qui seul peut convaincre les âmes
et les conduire à Christ; qui seul peut leur
révéler Jésus comme le principe de la justification par la foi seule et de la sanctification par
le Saint-Esprit. » Cette méthode a toujours été
celle des prédicateurs auxquels Dieu a accordé
la grâce de voir beaucoup de conversions se
produire parmi les auditeurs, et il en est ainsi
parce qu'elle est fondée sur ce que la parole de
Dieu nous révèle quant à l'action mystérieuse
mais souveraine du Saint-Esprit. L'excellent
pasteur de Paris, Armand Delille, ne s'expri-
mait pas autrement que Legh Richmond quand
il écrivait : « Il est essentiel, pour que le miracle
(de la conversion) ait lieu, que l'homme (qui

en est l'instrument) soit un de volonté, d'intention, de but avec le Seigneur (1). »

Legh Richmond a été l'auteur de traités qui, traduits en français, ont contribué pour leur part au Réveil dont la Suisse française a été le théâtre dans le premier quart du XIXe siècle. Citons entre autres : *La Fille du laitier, le Domestique nègre.*

Legh Richmond est mort en 1825, après avoir, dans les dernières années de sa vie, passé par de cruelles épreuves domestiques. Il eut alors de grands combats intérieurs, tourmenté qu'il était par un sentiment du péché si vif qu'il en venait à mettre en question l'assurance de son salut. Des tentations de cette nature ne sont pas rares chez les chrétiens les plus avancés, au moment même où Dieu se prépare à les introduire dans le repos éternel des saints. On n'entre pas dans la vie nouvelle sans luttes, et on n'y persévère pas sans combats.

(1) *La Source de la vie.*

9

Ce n'est pas seulement en Angleterre que nous nous transportons maintenant avec la célèbre quakeresse *Elisabeth Fry*, mais un peu partout sur le continent européen, en France, en Allemagne, en Danemark, en Suisse, en Hollande (1).

Lorsque Elisabeth Gurney naquit en 1740, l'Angleterre offrait, au point de vue religieux, un triste spectacle. C'était le temps de l'incrédulité, de l'impiété propagées par les déistes qui, tout en se piquant d'être les hommes les plus tolérants, se montraient hostiles à tout ce qui ne cadrait pas avec leurs principes antireligieux. C'est en parlant de ce temps que Mme Fry disait un jour qu'elle avait « vécu avec les déistes la première partie de sa jeunesse », Cependant son père, gentilhomme campagnard riche, appartenait à la Société des Amis ou quakers; sa mère était pieuse, mais d'une piété plus extérieure que profonde. Il

(1) *Vie d'Elisabeth Fry,* par ses deux filles, Genève, Paris, 1852.

paraît, du reste, qu'à cette époque la vie religieuse chez les quakers était tombée dans le relâchement.

Le caractère naturel d'Elisabeth Gurney était une grande fermeté unie à la puissance d'aimer. Mais elle était très timide et d'une sensibilité nerveuse extrême et douloureuse ; sa santé délicate la portait à la mélancolie. La religion devait un jour concilier ces éléments si hétérogènes. Longtemps, elle devait être ballottée entre des aspirations contradictoires. A 17 ans elle écrivait : « Mon âme est si assombrie que je vois toutes choses comme au travers d'un voile ténébreux. » Tout en le déplorant, elle allait dans le monde. Les efforts que lui inspirait la propre justice pour arriver à la paix intérieure, bien loin de l'amener à la foi, la contraignaient à convenir qu'elle « ne croyait à aucune religion », qu'elle n'avait « point du tout de foi, de croyance religieuse ». Peut-être se trompait-elle sur son véritable état moral et religieux et ces luttes, ces angoisses n'étaient pas sans renfermer le gage d'un changement futur. Mais Elisabeth était souvent alors la victime d'une imagination qui se montait facilement et qui, même alors qu'elle serait parvenue à une foi vivante, serait pour elle une cause de trouble et de souffrances. Ce devait être graduellement et au travers de bien des nuages qu'elle en viendrait à l'acceptation complète de la doctrine de la rédemption.

L'instrument choisi de Dieu pour amener Elisabeth Gurney à la vie nouvelle fut un *Ami*, W. Savery, venu d'Amérique, en 1798, et qui allait « ranimer parmi les Quakers le flambeau vacillant de la foi chrétienne ». Sa visite à Earlham, la maison de campagne des Gurney, eut une grande influence sur Elisabeth dont l'amour du plaisir et du monde fut fortement ébranlé ; elle crut même qu'il était absolument vaincu. Et cependant, la lutte n'était pas terminée. Un séjour qu'elle fit à cette époque à Londres plaça encore Elisabeth en face de grandes tentations : le bal, le théâtre l'attiraient et elle pouvait dire : « La danse et la musique sont, à mes yeux, les plus grands plaisirs de la vie. » Elle flottait entre les plaisirs mondains et les devoirs et elle hésitait à sacrifier résolument les premiers aux seconds, — quoiqu'elle reconnût la nécessité de ce sacrifice. Elle pensait que « la foi sincère ne peut être obtenue sans les œuvres » et elle voulait *aider* Dieu à la convertir. Elle avait alors 18 ans, et elle envisagea plus tard ce séjour à Londres, comme ayant été « l'époque la plus périlleuse de sa vie ».

Cependant, on peut le dire, Elisabeth Gurney était bien réellement *réveillée*. Au cours de ce travail lent et graduel, l'influence de M. Savery était toujours plus grande et le jour ne devait pas tarder où la lumière d'en haut dissiperait toutes les ténèbres. Le 25 février 1799, Elisabeth écrivait : « J'admire avec actions de grâce les degrés adoucis par lesquels mon âme a été tirée des ténèbres dans lesquelles elle demeurait. La lumière du christianisme a maintenant brillé à mes yeux ; je puis croire à la vérité de la religion par expérience ; je sais sur quel solide fondement reposent mes espérances ; » et vers la fin de cette même année, elle pouvait s'écrier ; « J'ai cherché et j'ai trouvé. » C'est alors aussi qu'elle se joignit complètement aux *Amis*. — Jusqu'alors, — et bien qu'appartenant à une famille de quakers, — bien qu'ayant subi l'action salutaire d'un quaker, Elisabeth Gurney ne désirait pas être quakeresse. Réveillée, elle changea de sentiment: « Je crois être quaker de cœur », disait-elle, — mais ce ne fut qu'après sa conversion qu'elle se sentit réellement en communion d'esprit et de cœur avec cette société.

En 1800, Elisabeth Gurney épousa Joseph Fry, d'une famille de quakers très rigides, habitant Londres. Mais ce ne fut qu'en 1811 qu'elle fut installée elle-même comme missionnaire et chargée d'expliquer la Parole de Dieu, de la part de la société des Amis. Les années précédentes, elle avait éprouvé de grandes hésitations avant de se décider à prendre la parole en public, à *prêcher*.

C'est en 1813 qu'Elisabeth Fry commença à visiter la prison de Newgate qui n'était alors qu'un affreux repaire, mais elle avait de tout temps éprouvé un ardent désir de se consacrer aux malades, aux pauvres, aux misérables et c'est alors aussi qu'elle entreprend la série de ces voyages nombreux, fatigants, et au cours desquels elle s'occupe avec sollicitude des prisonniers, des condamnés à la déportation, des aliénés. Un jour, en Suisse, répondant aux

questions que des dames lui adressaient au
sujet des causes qui avaient décidé de sa carrière, Mme Fry répondit : « J'ai été vraiment
amenée par le Seigneur. Mon père était très
charitable ; il aimait à visiter les pauvres et les
hôpitaux et me prenait souvent avec lui quoique je ne fusse qu'une petite fille. J'ai éprouvé,
dès mon bas âge, un attrait marqué pour les
prisons et pour les hôpitaux ; j'ai grandi sous
cette impression et me suis ainsi trouvée en
rapport avec ces choses. J'étais engagée *par
nature* à suivre la vocation que je cherche à
remplir. J'ai re_ la grâce, je puis le dire, *en un
jour*, par des m_ ens visibles et par l'action de
l'Esprit qui crée en nous la vie. »

On sait tout le bien qui a été accompli par
Mme Fry, partout où elle a passé ou demeuré. Elle
a été en relations avec une foule de personnages marquants en tous pays, avec des rois, des
princes, des chefs d'Etat et des administrateurs.
Jusqu'à l'époque de sa mort en 1845, elle ne s'est
donné aucun repos pour accomplir l'œuvre si
importante que le Seigneur lui avait confiée et sa
mémoire est demeurée en bénédiction dans les
divers domaines où son activité s'est déployée.

10

Le même témoignage pourrait être rendu à un autre membre de la Société des Amis, à un contemporain d'Elisabeth Fry. Quoique partis de points très différents, ils ont suivi la même voie et ont tous deux glorifié Dieu par une activité dévorante à son service. Ce quaker s'appelait *Etienne de Grellet* (1). Né en 1773 à Limoges, de parents riches et nobles, placés à la tête d'une manufacture de porcelaines et de forges, il était catholique. A la vérité, quoiqu'il reçût une bonne éducation, l'enseignement religieux tenait fort peu de place dans cette éducation dirigée dans l'esprit du monde. Chose curieuse cependant, Etienne, encore tout enfant, éprouvait des impressions sérieuses, le besoin de la prière. Dieu lui apparaissait comme un Père. Il est vrai que ces impressions s'effacè-rent assez promptement, et plus tard, il consta-tait qu'il était alors fort ignorant des choses de Dieu, et que les joies mondaines avaient un

(1) *Vie d'Etienne de Grellet*, Trad. par Mme *Alice En-conhe*, Paris, 1896

grand attrait pour lui. Elève au collège des Oratoriens de Lyon, il en reçut un bien assez grand pour pouvoir écrire : « C'est ici que le Seigneur a envoyé un rayon de lumière dans mon âme où régnaient d'épaisses ténèbres. »

L'époque était grave. La révolution faisait de nombreuses victimes. Les parents d'Etienne furent même emprisonnés ; le 9 thermidor les sauva de la guillotine. Mais Etienne lui-même avait émigré. Engagé dans l'armée des princes à Coblence, il assista à plusieurs combats et il allait être fusillé lorsqu'il put fuir en Hollande, puis dans l'Amérique du Sud où il vit de près les horreurs de l'esclavage. C'était en 1793. Etienne confesse qu'il avait alors perdu tout sentiment religieux. « J'étais, dit-il, devenu le disciple de Voltaire. » En 1795, il se trouvait à New-York. Il avait 22 ans. Sceptique et léger, il était cependant bien près du moment où la grâce de Dieu triompherait en lui de tous les obstacles.

C'est en Amérique qu'Etienne de Grellet fut mis en rapport avec des quakers et qu'il assista à leurs réunions. Les impressions qu'il éprouva au début paraissent avoir été assez mélangées.

A un sentiment de joie se mêlait un sentiment
plus vif encore du péché, un vrai trouble de
conscience, une souffrance qui devait ouvrir
son cœur à l'action bienfaisante de l'Esprit de
Dieu. Lorsque le terrain eut été ainsi labouré,
la joie du pardon, l'assurance du salut rem-
placèrent le trouble causé par la conviction de
péché. A Philadelphie, Etienne de Grellet se
joignit aux Amis ; il parla dans les assemblées
et revêtit la charge du ministère, tout en con-
tinuant à s'occuper de son commerce. A partir
de 1796, sa vie fut absolument celle d'un missionnaire, bien que, dans l'intervalle de deux
voyages, il continuât à prendre soin de ses
affaires commerciales. Son activité était prodigieuse et il serait difficile de mentionner ici
tous les voyages qu'il accomplit. Il parcourut
l'Europe tout entière et les deux Amériques.
Ses voyages furent encore plus nombreux et
plus variés que ceux d'Elisabeth Fry, avec laquelle il s'était rencontré à Londres, en 1813,
mais ils étaient entrepris dans le même esprit
et dans le même but.

Dans ses divers voyages, Etienne de Grellet
entra en relations avec le roi de Prusse Frédé-

ric-Guillaume III et avec l'empereur Alexandre
qu'il vit à Londres en 1814 ; avec le roi de
Suède Bernadotte en 1813, A Rome, il vit le
cardinal Consalvi, premier ministre du pape
Pie VII, et le pape lui-même. A Munich, à Stutt-
gard, les rois de Bavière et de Wurtemberg
lui firent le meilleur accueil. A Madrid, en
1833, il fut reçu par le roi et la reine d'Espagne.
Partout, auprès des têtes couronnées comme
auprès des plus humbles personnages, il se
montra absolument fidèle à sa profession de
chrétien. Aussi l'action qu'il exerça fut-elle
puissante et suivie le plus souvent de grandes
bénédictions. Dans un de ses voyages en France,
il eut la joie de retrouver sa mère qui s'était
convertie et qui mourut dans la foi, en 1837.
Etienne de Grellet lui-même quitta ce monde
en 1855 après avoir fourni une carrière missionnaire véritablement prodigieuse.

Les Amis ou Quakers sont d'infatigables
voyageurs, mais on sait que ces pacifiques disciples de Georges Fox et de William Penn ne
voyagent que pour accroître le nombre de ceux
qui, sur cette terre, procurent la paix et se
révèlent ainsi comme des enfants de Dieu.

Cependant, on peut être un vaillant serviteur de Dieu et un véritable apôtre de Jésus-Christ, sans bouger de chez soi. C'est ce que prouve la vie du pieux et célèbre pasteur du Ban-de-la-Roche.

11

Jean Frédéric Oberlin naquit en 1740. Son père était professeur au gymnase de Strasbourg. C'était un homme pieux qui se mêlait volontiers aux jeux de ses enfants habitués de bonne heure au respect et à l'obéissance. Sa mère était également pieuse et très charitable, quoique la fortune de la famille ne fût pas grande (1).

Oberlin montra dès son enfance la grande vivacité de caractère qu'il conserva toujours, de la sensibilité, de la décision et un vrai courage contre l'injustice. L'atmosphère de piété qu'il respirait dans sa famille exerça sur lui une heureuse influence et il put dire que « de bonne heure il avait été saisi par la grâce

(1) *Vie d'Oberlin*, pasteur au Ban-de-la-Roche, Lausanne, 1842.

de Dieu ». Étudiant en théologie, il était pénétré de la sainteté du ministère et, à cet égard, il dut beaucoup à un homme pieux et vivant, le pasteur et professeur Lorenz.

Il ne semble pas qu'Oberlin ait eu à soutenir de grands combats intérieurs avant d'arriver à la plénitude de la foi et de la vie chrétienne. — Il n'est pas douteux cependant qu'il n'ait compris tout ce qu'il y a de redoutable dans la position de l'homme pécheur aussi longtemps qu'il ne s'humilie pas devant Dieu en confessant ses péchés et qu'il ne saisit pas le pardon en Jésus-Christ. C'est ce que démontre assez clairement l'*Acte solennel de consécration de soi-même à Dieu* qu'Oberlin rédigea le 1er janvier 1760, alors qu'il venait d'atteindre sa vingtième année. Cet acte, renouvelé dix ans plus tard, le 1er janvier 1770, à Waldbach, est, en réalité, l'histoire de la conversion de son auteur.

A 27 ans, Oberlin avait été nommé pasteur à Waldbach. La tâche qui s'imposait à lui était singulièrement difficile et compliquée. Il avait à lutter avec une opposition parfois violente, l'opposition de la paresse, de la routine et des habitudes invétérées. La misère au Ban-de-la-

Roche était grande et l'activité d'Oberlin dut
se déployer dans tous les domaines, l'agricul-
ture, le soin du bétail, les routes, les écoles.
C'est à juste titre qu'il fut appelé le « Père du
Ban-de-la-Roche ». Dans cet admirable pastorat,
il était soutenu par sa digne épouse, et, sous
sa puissante action, le pays fut vraiment trans-
formé.

Comme pasteur, Oberlin était un homme de
prière. Sa prédication était simple, imagée,
très biblique. En 1826, se terminait ce long et
fructueux ministère de près de soixante années
dont les fruits sont encore visibles et qui a
rendu impérissable, non seulement dans la
contrée du Ban de-la-Roche, mais encore dans
le monde chrétien, le nom du pieux philanthrope auquel le pays a dû et doit encore sa
prospérité.

12

Entre le bienfaiteur du Ban-de-la-Roche et
le vaillant pasteur des Hautes-Alpes que fut le
Genevois *Felix Neff*, les analogies sont si nombreuses et si frappantes, qu'on a pu appeler ce

dernier un nouvel Oberlin (1). Ces deux hommes étaient pourtant partis de points très différents et ils appartenaient à des milieux tout autres. Né en 1798 dans un village près de Genève où il passa son enfance sous les soins d'une mère qui devait lui survivre, Neff ne connut pas son père. Ame sensible et forte, caractère ardent et réfléchi, intelligent et doué d'une bonne mémoire, il se nourrissait de Plutarque et de J.-J. Rousseau. Après avoir fait un apprentissage de jardinier-fleuriste, il s'enrôlait à 17 ans dans la garnison de Genève et parvenait au grade de sergent d'artillerie.

A cette époque, le futur missionnaire des Hautes-Alpes était un incrédule, mais un incrédule angoissé, éprouvant le besoin de lire la Bible, de se rapprocher de Dieu. Bientôt, il sentit « tout le poids du péché », et il soupira après sa délivrance. C'est alors qu'il lut avec un grand profit pour son âme l'excellent petit traité de Thomas Wilcox intitulé : *le Miel découlant du rocher.* Cette lecture produisit sur lui, comme

(1) *Notice sur Félix Neff,* pasteur dans les Hautes-Alpes. Genève, Paris, 1831.

sur beaucoup d'autres à cette époque, un effet
puissant. Elle lui apporta les lumières qui lui
manquaient et contribua efficacement à sa conversion (1). En 1818, il se joignait à la petite
église dissidente du Bourg-de-Four, à Genève,
— église dont, un mois auparavant, il se fût
fait un devoir facile de persécuter les membres. En 1819, il quittait le service militaire et
cela à la grande satisfaction des officiers qui
voyaient de mauvais œil l'action que Neff exerçait sur ses camarades.

Il était difficile que, dans cette âme dont on
a dit qu'elle était « brûlante de l'amour du
Sauveur, » la vocation au Saint-Ministère ne se
révélât pas promptement. C'est en effet ce qui
arriva, et Neff, à peine en possession lui-même
de la vérité salutaire, se mit à évangéliser dans
les environs de Genève, dans les cantons de
Vaud et de Neuchâtel, dans la partie française
du canton de Berne. Bientôt après, c'est en

---

(1) « Vous trouverez là la clef de l'Evangile, des
paroles qui m'ont fait tomber les écailles des yeux, à
moi, quand je cherchais le Seigneur » (Félix Neff, Lettre à une jeune fille. Citée dans *Foi et Vie*, 16 décembre 1902).

France qu'il porte ses pas ; il prêche à Grenoble,
à Mens, et ce jeune homme de 24 ans devient
l'instrument du réveil de bien des âmes. Mais,
sans études théologiques, sans diplômes, il
risquait de voir son activité en France entravée
ou arrêtée. Il se décida alors à aller à Londres
demander à une église réformée indépendante
la consécration au Saint Ministère.

C'est en 1824 que Félix Neff arriva dans les
Hautes-Alpes. Son travail dans ces sauvages
contrées ne devait malheureusement pas être
de bien longue durée, mais ce ministère de 3
ans fut vraiment héroïque. Ce qu'avait été
Oberlin au Ban-de-la-Roche, Neff le fut à cette
autre extrémité de la France. Là aussi tout était
à faire, et, à tous les points de vue, il fallait
que le pasteur se dépensât pour son troupeau.
Mais le travail de Neff, aussi bien que celui
d'Oberlin, fut abondamment béni et, en plusieurs localités des Hautes-Alpes, il fut suivi
de véritables réveils.

A partir de 1826, la santé de Félix Neff commença à décliner. Dans l'espoir de retrouver
quelques forces, il retourna à Genève. Une
cure aux bains de Plombières trompa les espé-

rances de ses amis, et c'est à Genève, qu'après une longue et cruelle maladie, ce fidèle serviteur de Dieu devait, en avril 1829, être retiré de ce monde, non sans laisser un souvenir béni aux lieux qui avaient été le théâtre de son activité missionnaire. Les Hautes-Alpes, aussi bien que le Ban-de-la-Roche, ont fourni une démonstration de ce que l'Evangile, présenté dans toute sa force, peut produire au sein de populations envisagées comme chrétiennes, mais plongées dans la torpeur spirituelle et dans le matérialisme pratique.

13

Bien que travaillant en pays christianisés, Oberlin et Neff étaient de vrais missionnaires. Cependant l'œuvre des missions en pays païens exige des qualités toutes particulières et des dons spéciaux. C'est ce qui apparaît clairement dans la carrière missionnaire d'*Anna Judson*, la première femme américaine qui se soit consacrée à l'œuvre des missions évangéliques parmi les païens (1).

(1) *Vie de Mme Judson*, missionnaire dans l'empire birman, Genève, Paris, 1834.

Anna Hasseltine, née en 1789 à Bradford (Massachussets) appartenait à une bonne famille mais étrangère à la piété. D'un caractère vif, entreprenant, d'une grande sensibilité, Anna montra de bonne heure un goût décidé pour l'étude. Durant les seize premières années de sa vie, elle n'éprouva que de rares impressions religieuses, tout en ayant des habitudes qui ne l'empêchaient pas de prendre part à des bals et autres plaisirs mondains. Il arriva même un moment où elle cessa de prier et renonça à ses pratiques religieuses. Les premières influences un peu sérieuses qu'elle ressentit furent dues à des livres. Ayant lu, dans l'ouvrage d'Hannah More sur l'*Education des femmes*, cette phrase : « Celle qui vit dans les plaisirs est morte en vivant », phrase empruntée du reste à l'Ecriture Sainte (I Tim., v, 6), elle en fut troublée. Cette parole pénétra jusqu'au fond de sa conscience. « Je restai, dit-elle, comme pétrifiée et fus presque tentée de croire qu'une puissance invisible avait dirigé mes yeux sur ces paroles. » La lutte était entamée, mais le cœur ne devait pas se rendre au premier appel. Anna avait 15 ans lorsqu'elle lut le *Voyage du chrétien* de

Bunyan qui l'intéressa beaucoup, mais alors,
elle voulait faire son salut en renonçant aux
plaisirs mondains, et, comme elle ne s'appuyait
que sur ses propres forces, à la première occasion, elle oublia ses bonnes résolutions et elle
retomba plus que jamais sous l'empire du monde.

Au printemps de 1806, il y eut à Bradford un
réveil religieux qui exerça sur Anna une
influence positive. Elle ressentit un trouble profond causé par les aspirations contradictoires
dont son esprit et son cœur étaient le théâtre.
Abattue, mélancolique, elle s'imposait des privations ; elle voulait faire *pénitence* et elle s'en
attribuait quelque mérite. En même temps,
elle subissait l'influence d'une tante pieuse.
Peu à peu cependant, la lumière se faisait en
elle ; l'œuvre de Christ lui apparaissait toujours
plus lumineuse ; elle était très frappée de l'a-
mour de Dieu en Jésus-Christ pour les pécheurs.
Le jour vint enfin où elle donna *sans réserve*
son cœur au Sauveur. Elle avait alors de 16 à
17 ans et elle pouvait indiquer le 16 juillet
1806 comme ayant été le jour de sa conversion.
Elle goûta alors des « moments de délices dans la
communion avec Dieu ». Après cela, il est vrai,

elle eut encore des luttes à soutenir, mais c'é-
taient les luttes de l'âme chrétienne combat-
tant le péché et aspirant à la sainteté. Elle était
fortifiée dans sa foi par la lecture des ouvrages
de Thomas Scott, de Doddridge et surtout par
la lecture de la Bible.

A peine convertie, Anna Hasseltine éprouva
un ardent désir d'être utile à ses semblables et
elle déploya une activité immédiate pour le
bien des âmes qui l'entouraient. C'est ainsi que
sa vocation missionnaire se manifesta tout d'a-
bord pour s'affirmer plus nettement encore
lorsqu'en 1812 elle épousa Adoniram Judson
(1788-1850), homme plein d'humilité, d'énergie
et de prudence, de patience et d'un amour passionné des âmes (1).

Peu après leur mariage, les deux époux
s'embarquaient pour Calcutta, mais la Compa-
gnie des Indes Orientales étant absolument
opposée à l'œuvre des missions, ils durent quitter ce pays, et, après quelques tentatives infruc-
tueuses à l'Ile de France, à Madras, ils arrivè-
rent au Birman. Le récit de leurs travaux et de

(1) *Les nouveaux actes des Apôtres*, par *Pierson*, 1856.

leurs souffrances dans cet empire est du plus
haut intérêt, mais il renferme des détails d'un
dramatisme vraiment poignant. Il semble que
jamais missionnaires n'aient été appelés à déployer un pareil héroïsme. Mme Judson pouvait
écrire : « Nos souffrances de corps et d'âme
ont été souvent si terribles, que je me sentais
poussée par le désespoir à adopter le langage
du psalmiste : je périrai par la main de Saül. »
Aussi le 24 avril 1826, Mme Judson succombait-
elle aux fatigues et aux épreuves des dernières
années. Cependant, grâce à beaucoup de
travail et à un travail persévérant, les époux-
missionnaires avaient pu se réjouir de la formation d'une petite église birmane. A ce propos, Mme Judson écrivait : « Je vois de plus
en plus que notre utilité dans le monde dépend
surtout de notre état spirituel. » Les expériences qu'elle et son mari avaient faites dans
le champ des missions, leur avaient montré
que « *dans quelque lieu que ce soit*, quand l'E-
vangile est annoncé avec fidélité et avec
prières, le Seigneur en fait toujours l'instrument de la conversion des hommes. »

14

Aucune analogie de position ne pourrait être établie entre la femme missionnaire en pays païen et à peine civilisé et le pasteur d'une petite congrégation indépendante de la Suisse française. Et pourtant ces deux disciples de Jésus Christ ont eu pour leur maître le même amour ; ils ont apporté aux âmes qui leur étaient confiées le même message de salut et ils ont travaillé, chacun dans sa sphère, avec une égale fidélité.

Auguste Rochat, né en 1789, passa les premières années de sa vie à Crassier, dans le canton de Vaud, où son père exerçait le ministère pastoral (1). Ce dernier était un homme rude, autoritaire, tandis que la mère de Rochat, une descendante de réfugiés français, était une femme douce, pieuse, qui élevait ses enfants dans l'obéissance selon le Seigneur. La famille jouissait d'une certaine aisance. Auguste avait de la facilité pour les études, mais il était mou,

(1) *Notice sur Auguste Rochat*, par *L. Burnier.* Lausanne, 1848.

indolent, promettant peu. Cependant, il était capable de vives affections et d'une grande énergie de volonté. L'époque à laquelle il fit ses études de théologie à l'Académie de Lausanne, soit de 1808 à 1812, était une époque de sommeil et de langueur pour l'Eglise. Quant à l'enseignement théologique, il était d'une grande pauvreté, et les étudiants se distinguaient par leur mondanité. Les jeunes pasteurs eux-mêmes ne craignaient pas de figurer dans des bals et nul ne s'en formalisait.

Comment Auguste fut-il amené à la vie nouvelle ? Il devait à sa mère ses premières impressions religieuses. De tout temps, il avait éprouvé du respect pour les Ecritures qu'il lisait assidument. Le célèbre doyen Curtat, le chef du clergé vaudois à cette époque, exerça sur lui une heureuse influence. Malgré tout, et bien que depuis quelques années, il remplît des fonctions pastorales, Rochat était un honnête mondain. Même en 1819, consacré depuis 7 ans, il assistait encore à un bal. Il est vrai que ce fut pour la dernière fois. Peu à peu les obscurités de son esprit et de son cœur disparaissaient sous l'action de la grâce de Dieu et, en 1820, il rompait décidément avec le monde. « Le voyage s'était fait pour lui par longues étapes. »

En 1822, nommé pasteur à Bière, Rochat ne devait pas y faire un long séjour. Deux ans après déjà, en 1824, dans un temps d'agitation et de troubles religieux, le conseil d'Etat du canton de Vaud, ayant pris un arrêté destiné à étouffer la vie religieuse qui se manifestait depuis quelques années dans l'église, sous forme de réveil, Rochat donna sa démission et se sépara absolument du corps pastoral vaudois. Sa conscience lui avait dicté ce grand et douloureux sacrifice. Il se joignit alors à plusieurs de ses collègues qui, contraints par les circonstances du moment, venaient de fonder la dissidence. Peu après, il s'établissait à Rolle qui allait devenir le centre de son activité comme pasteur, prédicateur et publiciste chrétien.

Ce qu'a été dès lors la vie d'Auguste Rochat, son activité grande et bénie, malgré une santé faible et de fréquentes indispositions, c'est ce que témoigneront au jour des rétributions une multitude d'âmes qui ont été amenées par lui au pied de la croix du Christ ou que ses écrits contribuent encore à édifier et à nourrir.

Le dimanche 7 mars 1847, ce fidèle pasteur était rappelé subitement par son maître, après avoir prêché le matin même sur ces mots : « Veux-tu être guéri (Jean, v, 6) ! »

Si Auguste Rochat a été amené par degrés à la conversion, il ne semble pas qu'il ait eu à soutenir des luttes intérieures bien vives. Il n'est pas douteux cependant que le travail de la grâce ne se soit accompli chez lui de même que chez tous ceux qui sont retirés des ténèbres naturelles et transportés dans la lumière du Christ. Mais les formes, ou les apparences et les manifestations extérieures de ce travail peuvent varier et varient selon le caractère naturel, le tempérament même de l'individu. Il se peut aussi que les combats intérieurs soient violents sans qu'il y paraisse beaucoup au dehors. Cela encore dépend du caractère individuel et de circonstances très spéciales. Les écrits dans lesquels Rochat « quoique mort parle encore », révèlent bien clairement qu'il avait eu une profonde conviction de péché et qu'il avait dû s'anéantir devant la sainteté de Celui qui ne tient point le coupable pour innocent. Il n'en avait pas moins fait l'expérience de ce qu'il y a de rassurant, de consolant dans le pardon de Dieu et dans la communion avec le Sauveur. Rochat a été un docteur chrétien en même temps qu'une vive lumière dans l'Eglise au XIXᵉ siècle.

15

L'entière sanctification du chrétien est-elle possible dans l'économie présente? Pour plusieurs cette question ne se pose pas; elle est résolue par l'affirmative. Pour, d'autres — en plus grand nombre — elle demeure à l'état de question. De nos jours, la réponse affirmative a été accentuée très nettement et d'une manière beaucoup plus précise que cela n'a été le cas précédemment, en particulier par les disciples de Wesley.

Nous avons sous les yeux un livre publié dans le but exprès et avoué de démontrer le bien fondé de l'affirmative. C'est la biographie de *James Brainerd Taylor* (1). Né en 1801 dans

(1) *Vie de J.-B Taylor,* Journal et correspondance. Trad. par *Ch. Challand,* Genève, 1891.

le Connecticut, de parents respectables, membres de l'église épiscopale, mais non convertis, Taylor dut ses premières impressions religieuses à un frère aîné. Il était cependant très ami des plaisirs, de la danse en particulier. Quoi'que sa jeunesse ait été absolument honnête il s'envisageait après sa conversion comme ayant été un grand pécheur. Ce sentiment profond de la grandeur du péché le suivit même constamment.

A 14 ans, commis chez un négociant de New-York, il manifestait déjà une piété si réelle, qu'elle ne pouvait être que le fruit de la conversion. Il avait un ardent désir de sainteté. Moniteur dans une école du dimanche, il était plein de sollicitude pour le salut des enfants et il déployait une grande activité dans l'évangélisation. A l'âge de 19 ans, quoiqu'il eût une fort jolie place chez un négociant, il se sentit une vocation si décidée pour la mission ou pour le ministère pastoral, qu'il commença ses études, d'abord à Lawrence-Ville, puis à Princeton et enfin au séminaire de New-Haven. Durant ces neuf années d'études classiques et théologiques, Brainerd « cultivait avec le plus grand soin l'amour qu'il avait pour les âmes, le désir ardent qu'il éprouvait de les voir sauvées », Ne possédant pas encore « la victoire permanente sur le péché » il cherchait, — et c'était sa préoccupation constante — « la parfaite sainteté ». Enfin, le 22 avril 1822, il reconnut qu'il avait reçu « le baptême du Saint-Esprit et de feu », sous la forme de la pleine assurance du salut, et, dès lors, ses progrès dans la sanctification furent continus. En même temps, préoccupé de l'idée d'une mort prématurée, il arrivait à un plein détachement à l'égard du monde et, s'il désirait vivre, ce n'était que « pour amener des âmes à Jésus-Christ ».

En 1826, ses études achevées, il semblait que l'activité d'évangéliste que Brainerd avait déployée pendant ce temps et malgré un état de santé fort précaire, allait prendre un nouvel essor. Il ne devait pas en être ainsi : la mort était là et elle l'enlevait le 23 mars 1829.

La vie si courte et pourtant si remplie de J. Brainerd Taylor peut-elle être envisagée comme une démonstration de fait de la possibilité pour le chrétien de parvenir sur cette terre à l'entière sanctification ? Pour cela, il

nous semble que, malgré le beau développement de la piété et les ardentes aspirations à la
sainteté qui ont caractérisé cette vie, cette dernière a cependant été trop courte pour offrir
une preuve irréfutable du bien fondé d'une
doctrine controversée parmi les chrétiens. Il
y avait chez Taylor une humilité vraie, mais
peut-être quelque chose de maladif dans cette
constante étude de soi-même qui n'est pas sans
présenter quelque danger. Ce qui a manqué
à cette vie, c'est l'épreuve du temps. Des tentations ont été épargnées à Taylor, tentations
que l'âge et les circonstances présentent à l'ensemble des chrétiens même les plus affermis,
et si une santé délicate est pour beaucoup une
entrave dans la sanctification, pour d'autres,
au contraire, elle est un stimulant, un aiguillon
contre lequel il serait dur de regimber. Quoi
qu'il en soit on peut dire que la vie de James
Breinerd Taylor a été un exemple encourageant
de la victoire que la grâce de Dieu « agissant
par le Saint-Esprit » dans un cœur qui s'est
donné, peut remporter sur le péché et la faiblesse humaine.

16

La même année que James Brainerd Taylor naissait aux Etats-Unis, soit en 1801, *William Gordon* naissait en Angleterre (1). Ses parents se distinguaient par leur intelligence autant que par leur honorabilité ; lui-même était d'un caractère aimable et d'une intelligence précoce. Durant tout le cours de ses études médicales, il se montra aussi ardent pour le travail qu'exemplaire dans sa conduite. Reçu docteur en 1841, il s'établit à Hull d'où sa réputation comme médecin et comme philanthrope ne tarda pas à se répandre au dehors.

Dès son enfance, Gordon avait admis la vérité du christianisme, mais, dans la droiture de son cœur, il s'efforçait d'arriver à une conviction pleine et entière des grandes vérités du christianisme. « Je me suis, disait-il, toujours occupé sérieusement de religion, c'était un sujet qui excitait en moi un vif intérêt. » Durant des années, il examina avec soin les objec-

(1) *William Gordon, ou le philosophe chrétien triomphant de la mort.* Lausanne, 1852.

tions de l'incrédulité parce qu'il voulait parvenir à saisir par la raison les mystères de la foi. Aussi demeura-t-il longtemps étranger à la conversion. Il reconnut plus tard que ce n'était pas par le raisonnement qu'il était devenu chrétien.

Comment Gordon parvint-il à la lumière ? Ce fut d'une manière graduelle. Au cours d'une longue maladie, il fut visité par des amis chrétiens et s'il ne pouvait dire « dans quel lieu, ni dans quel moment il avait trouvé le Sauveur, » il pouvait tout au moins raconter comment il l'avait trouvé.

« Je suis, dit-il, allé à Jésus avec foi, j'ai pris tous mes péchés, tous mes soucis, toutes mes passions ; j'ai déposé tout ce fardeau au pied de la croix et une douce paix m'a été donnée. J'ai raisonné, j'ai discuté, j'ai étudié, mais je n'ai trouvé de paix que lorsque j'en suis venu à embrasser l'Evangile comme un petit enfant. Alors il me sembla que le Saint-Esprit remplissait mon cœur. Ma corruption m'apparut dans toute sa profondeur ; je vis aussi que je ne pouvais être accepté de Dieu, ni espérer une félicité éternelle que par les mérites du

Rédempteur. Je jetai loin de moi mes œuvres,
j'allai à Christ entièrement dépouillé ; il me reçut comme il a promis de le faire. Alors j'éprou-
vai une joie inexprimable et toute crainte de
la mort s'évanouit. » Qu'ajouter à ce témoignage si vivant rendu à l'œuvre du Saint-Esprit ! Aller à Jésus comme un enfant ! C'est
bien là la voie que l'Esprit de grâce indique à
tout pécheur qui soupire après le pardon et la
vie nouvelle.

Après une longue maladie et de cruelles
souffrances, le docteur Gordon quittait cette
terre en 1849. Son lit de mort fut triomphant.
« Pas un nuage ne vint obscurcir sa foi. »

17

On a appelé *Robert Mac Cheyne* un « apôtre
des temps modernes » et cette qualification ne
paraîtra pas exagérée à quiconque aura lu
attentivement la biographie de ce pasteur
écossais (1). Né en 1813, à l'aurore du réveil en

(1) *Vie du révérend Mac Cheyne*, par *A. Bonar*, trad.
par Ed. Tallichet, Paris, Lausanne, 1857.

Écosse, d'un caractère doux et affectueux, il était d'autre part passionné pour la danse et la musique. Moral, mais étranger à toute piété, sa religion consistait en un formalisme très correct. En 1827, il entra à l'université d'Edimbourg où, durant 4 ans, à partir de 1831, il suivit les cours de théologie de Chalmers.

Mac Cheyne avait 18 ans lorsqu'il fut profondément remué dans sa conscience par la mort de son frère aîné qui avait beaucoup prié pour lui. Cet événement « l'arracha à son sommeil de mort et introduisit dans son cœur le premier rayon de la lumière divine ». Réveillé, il commence à chercher Dieu de tout son cœur, mais sa conversion ne devait pas être soudaine : la lumière se faisait lentement en lui et il avait des accès de mondanité qui le troublaient. Il devait être conduit à Christ par des convictions profondes et durables quoique exemptes de tout sentiment de terreur et de détresse. Un ouvrage qui devait lui être fort utile et opérer en lui un changement salutaire, fut le *Resume de la Science du Salut*, joint à la confession de foi de l'Eglise d'Ecosse. C'est alors qu'il éprouva le désir d'entrer dans la carrière pas-

torale ou missionnaire et qu'il commença, —
encore étudiant — à évangéliser dans les quartiers pauvres d'Edimbourg et à prêcher.

En 1836, Mac Cheyne, après sa consécration,
fut appelé comme pasteur à Dundee, « ville
entièrement adonnée à l'idolâtrie et à la dureté
de cœur ». Il savait alors qu'il s'était « complètement donné à Dieu, comme quelqu'un qui a
été acheté à prix ». Sa prédication, à laquelle
il mettait beaucoup de soin, eut un grand succès ; elle produisit un beau réveil qui, naturellement, provoqua l'opposition des incrédules et
même des pasteurs formalistes.

C'est pendant son ministère à Dundee que
Mac Cheyne, dont la santé était déjà très chancelante, entreprit un voyage en Palestine afin
d'intéresser les chrétiens à la mission parmi
les Juifs. C'était en 1839. A son retour à Dundee, après un voyage rempli de diverses péripéties, il reprit son travail de prédicateur. Le
réveil avait continué à s'affermir et c'est à ce
propos qu'il fit cette remarque confirmée par
les faits : « Tout homme qui retourne en arrière
et se perd, n'a jamais réellement cru en Jésus-
Christ. »

La vie de ce dévoué et fidèle serviteur de
Dieu, de cet instrument d'élite dans l'œuvre
de l'évangélisation, ne devait pas être de longue durée ; le 25 mars 1843, la mort l'enlevait
à son champ de travail, mais il laissait après
lui des fruits nombreux de son activité pastorale.

18

Nous ne possédons sur le Dr *Capadose* qu'une
biographie fort incomplète. Elle est suffisante
cependant pour nous faire connaître comment
ce fils d'Israel est arrivé à voir dans le Christ-
Jésus, le Messie promis à ses pères (1). Quoique rédigée par un fervent ami des Juifs, le
professeur Pettavel, de Neuchâtel, cette notice
est en réalité une auto-biographie.

Né probablement vers 1795, Capadose était
le fils d'un négociant d'Amsterdam. Dans ce
temps, et dans ce pays, il y avait alors peu de
vie chez les chrétiens et leur influence sur les
Juifs était nulle. Capadose reçut dans sa

_____

(1) *Conversion de M. le Docteur Capadose, israelite
portugais.* Toulouse, 1837.

famille une éducation plus morale que religieuse. Dans son enfance, il avait bien éprouvé
quelque besoin de la prière, mais cette pratique
journalière était liée à la lecture d'un formu-
laire. Dans la suite, loin d'être zélé pour la religion de ses pères, il était mondain, ami des
plaisirs autant que de l'étude. Ne trouvant rien
à la synagogue, il n'y allait plus, tout en con-
servant son orgueil national israélite.

Durant ses études de médecine, Capadose
subit en quelque mesure l'influence religieuse
du savant Bilderdick, de l'Académie de Leyde,
qui était un vrai chrétien. En 1818, il s'établit
comme médecin à Amsterdam, sa ville natale,
où il eut bientôt acquis une grande clientèle,
mais il n'était pas heureux ; il avait des accès
de mélancolie. Au fond, il éprouvait un affreux
vide intérieur, la soif de la vérité, mais sans
avoir la conscience du péché. C'est alors qu'a-
près avoir précédemment lu la Bible pour s'en
railler, il ouvrit le Nouveau Testament dont la
lecture lui offrit un intérêt croissant. Revenant
à l'Ancien Testament, et au chapitre LIII d'E-
saïe, « tout à coup la lumière jaillit des ténèbres
et la vie de la mort ». Il reconnut qu'il était

« impossible à un Israélite de douter que le
Christ ne fût pas le Messie promis ». Il eut
alors le sentiment profond du péché et il vit
que « c'étaient ses péchés qui avaient été cause
des souffrances et de la mort de son Sauveur ».

Après ce réveil de la conscience, Capadose
ne tarda pas à « trouver en Christ sa vie ». Sa
conversion, — comme cela se voit ordinairement en pareil cas chez les Israélites, — provoqua d'abord une violente opposition dans sa
famille. Puis, on essaya vis à-vis de lui des
voies de douceur, pour en revenir aux sarcas-
mes et à une opposition plus violente que jamais. Capadose demeura fidèle à sa nouvelle
foi et il fut baptisé le 22 octobre 1822 dans l'é-
glise chrétienne de Leyde.

Le docteur Capadose a fait plusieurs séjours
en Suisse, en particulier à Clarens où il eut la
douleur de voir mourir sa femme. Quant à lui,
nous ignorons la date et le lieu de son décès ;
nous savons seulement qu'il vivait encore en
1861 et qu'il assista, cette année-là, aux assemblées œcuméniques de l'Alliance évangélique
à Genève.

Constatons ici que l'œuvre de Dieu s'est accomplie chez Capadose, comme toujours, selon ce que nous avons cru pouvoir appeler la méthode du Saint-Esprit. Chez lui, le sentiment du péché l'a amené à chercher la délivrance. Il a été à Jésus-Christ ; il s'est donné à lui, et, par le baptême de l'Esprit, il a été fait un homme nouveau. Les souffrances qu'il a dû endurer pour sa foi ont été la pierre de touche de la réalité de sa conversion et de l'action régénératrice du Saint-Esprit.

19

Le nom de *Napoléon Roussel* est connu bien au delà des limites de la France protestante et on sait quelle a été la prodigieuse activité littéraire de ce polémiste chrétien. Son activité comme pasteur et évangéliste n'a pas été moindre, et surtout, nous le pensons, elle n'a pas été moins féconde ni moins bénie.

Napoléon Roussel, né à Sauve (Gard), en 1805 était le fils d'un soldat du grand empereur, fabricant de bas au métier, occupation habi-

tuelle de beaucoup de gens de ce pays-là (1). A
Lyon, où la famille vint plus ,ard s'établir, les
jours d'école du jeune garçon furent troublés
par l'invasion, mais il aspirait déjà à écrire des
livres et, lorsqu'il fut, à l'âge de 14 ans, placé
comme apprenti chez un négociant, il se mit à
étudier seul. A 20 ans, il était à Genève, étudiant en théologie, animé d'un ardent désir
d'être utile à la Société et à l'Eglise. En 1831,
nous le trouvons à Saint-Etienne, à la tête
d'une église naissante, et, chose qui s'est ren-
contrée plus d'une fois, surtout aux époques
qui ont précédé le Réveil, il n'est *pas encore
converti*; sa foi est une foi de tradition, son
christianisme est un christianisme sans Sauveur
et sa piété n'est pas l'œuvre du Saint-Esprit.

C'est alors que Roussel subit fortement l'influence de son ami Adolphe Monod, qui, pour
prix de son courage et de sa fidélité, venait
d'être destitué de sa place de pasteur à Lyon.
Cependant, avec son esprit logique, investiga-
teur, Roussel, tout en écoutant les appels

(1) *Un pionnier de l'Evangile, Napoléon Roussel*, par
E Delapierre, Lausanne, 1888.

directs qu'Adolphe Monod lui adressait, sentait
le besoin de garder son indépendance. « Je
veux être moi, écrivait-il un jour à son ami, je
veux être seul approuvant et désapprouvant de
part et d'autre ce qui me semble bon ou mauvais. »

Dans cette disposition d'esprit, Napoléon
Roussel devait passer par des luttes douloureuses
ayant d'arriver à la plénitude de la foi. Mais le
jour vint où, converti de cœur, il put dire
qu'il avait « reçu le Saint-Esprit ». Lui-même,
dans une lettre à un de ses oncles, a indiqué
la marche qu'il avait suivie. « Commençons par
sentir profondément notre péché, par reconnaître notre indignité devant Dieu, par accepter notre condamnation, et, alors, ayant soif et
faim de salut, de pardon, nous comprendrons
et accepterons cette bonne nouvelle : « Crois au
Seigneur Jésus-Christ et tu seras sauvé. » Telle
est bien en effet la marche du Saint-Esprit
lui-même opérant la régénération du pécheur
qui soupire après la délivrance.

Napoléon Roussel, de même que son ami
Adolphe Monod, se vit contraint, par sa fidélité
même à l'Evangile, à quitter son poste officiel

à Saint-Etienne et à fonder dans cette ville une
église indépendante. Dès lors, il devait être fréquemment appelé à changer de résidence Nous
le rencontrions successivement à Marseille, où
il se consacre entièrement à Dieu et à son
œuvre ; à Paris, où il fonde le journal l'*Espérance ;* dans le Limousin, à Ville-Favard, en
particulier, où il déploie un zèle vraiment apos-
tolique ; de nouveau à Paris, en 1847, où il
ouvre une école pratique d'évangélisation ; à
Cannes de 1857 à 1863 où il poursuit gratuite-
ment un ministère indépendant ; en 1865 à
Lyon où il est à la tête de l'église libre de cette
ville. En 1868, la maladie le force à interrom-
pre ses travaux et à prendre à Menton une
retraite devenue nécessaire. Le 8 juin 1878, il
meurt à Genève, sa dernière étape sur cette
terre.

Nous avons fait allusion à l'extraordinaire
activité de Napoléon Roussel comme publiciste.
Ses nombreux traité. de controverse ont éclairé
bien des âmes sur les erreurs du catholicisme
romain, mais lui ont attiré aussi bien des criti-
ques, de même que son activité d'évangéliste
l'a conduit plus d'une fois devant les tribunaux.

Mais il n'a pas consacré son talent d'écrivain uniquement à des écrits polémiques ; nombre d'ouvrages sortis de sa plume et destinés à la jeunesse aussi bien qu'aux adultes, ont eu un caractère très positif d'édification et d'instruction. Tous sont marqués au coin du bon sens et d'une piété de bon aloi. Partout, l'on retrouve l'homme que le Saint-Esprit a scellé de son cachet, et auquel il a été donné de beaucoup travailler à la gloire de Dieu.

20

Le livre des Proverbes affirme que « comme dans l'eau le visage répond au visage, ainsi le cœur de l'homme répond au cœur de l'homme (xxvii, 19) ». C'est à ce titre que nous pouvons rapprocher ici des hommes fort différents les uns des autres à une foule d'égards et réunis cependant en un faisceau par le plus fort des liens. C'est également là la raison qui nous autorise à rappeler ici le souvenir de *James Garfield* (1).

(1) *James Garfield, ou comment on devient un homme.* D'après *Thayer*. Lausanne.

7

Né en 1831 dans une ferme de l'Ohio, le futur
président des Etats-Unis n'avait que 2 ans
lorsqu'il perdit son père. La famille demeurait
sans ressources. Mais la mère était une femme
héroïque qui, dans les solitudes de l'ouest et
les forêts vierges, sut conduire sa maison avec
une fermeté qui n'excluait pas une réelle piété.
L'enfance de James fut naturellement assez
rude, mais il témoigna de bonne heure de pré-
cieuses qualités.

On comprend qu'à cette époque et dans ce
pays-là les ressources religieuses fussent res-
treintes ; les services religieux étaient rares et
dépendaient de prédicateurs itinérants. Pour
Garfield, les instructions que lui donnait sa
mère suppléaient à ce qui faisait défaut d'autre
part. Il y prenait un grand intérêt ; la lecture
de la bible faisait sur lui une impression profonde et il avait une piété enfantine. Mais les
nécessités matérielles allaient lui imposer une
existence singulièrement variée. A partir de
l'âge de 12 ans, il est tantôt fermier, tantôt char-
pentier ; ensuite ouvrier, puis batelier, maître
d'école ; élève dans un séminaire, étudiant dans
une université, enfin professeur, en attendant

qu'il devienne sénateur et homme politique, pour revêtir en dernier lieu la haute dignité de président des Etats-Unis. Tout cela, du reste, est très américain.

Au milieu de tous ces changements de situations et d'occupations, Garfield se distingua toujours par un caractère fort et droit, profitant de toutes les occasions qui s'offraient à lui pour s'instruire. Avec cela les impressions religieuses de son enfance ne perdaient rien de leur vivacité. Ayant risqué un jour de se noyer, — alors qu'il était batelier, — et ayant été préservé miraculeusement, il dit à sa mère : « Ce n'est qu'à Dieu que je dois mon salut. » Le sentiment très vif qu'il eut alors du secours de Dieu remua sa conscience, et, durant une longue maladie qu'il fit à cette époque, il subit plus fortement que jamais l'influence de sa pieuse mère et celle d'un jeune instituteur chrétien. C'est alors qu'il entra au séminaire baptiste de Geaugas, à Chester, et qu'il fit le pas décisif de la conversion.

La question de l'esclavage préoccupait déjà vivement l'esprit public aux Etats-Unis ; on la discutait partout. L'esprit inné de justice qui

caractérisait Garfield devait faire de lui un
abolitionniste décidé. Il avait alors 19 ans et sa
vie chrétienne allait se développer et s'affermir
par une activité d'un caractère très religieux ;
il enseignait et il prêchait tout en luttant avec
des difficultés matérielles qui auraient décou-
ragé un homme moins persévérant.

En 1861, James Garfield était envoyé comme
député au Sénat de l'Ohio. Il se rangea parmi
les républicains anti-esclavagistes et se distingua comme orateur. Lorsque le Sud eut levé
l'étendard de la rébellion, que la guerre fut
déclarée, il fut chargé du commandement d'un
corps d'armée. A la conclusion de la paix, il
devint sénateur à Washington et, en 1880, il
était porté à la présidence des Etats-Unis. Il ne
devait revêtir cette haute fonction que durant
4 mois. Frappé par la balle d'un assassin, il
mourait le 19 septembre 1881.

La vie de James Garfield, si mouvementée,
et relativement si courte qu'elle ait été, peut
servir à démontrer que, dans toutes les positions,
les plus humbles comme les plus élevées, les
besoins du cœur sont les mêmes et que ces
besoins sont satisfaits par les mêmes grâces de

Dieu, bien que ces grâces puissent suivre des voies très différentes pour accomplir une œuvre toute semblable.

21

Il peut paraître difficile qu'un homme engagé dans le métier des armes, appelé à vivre au milieu des camps et à assister à des scènes propres à endurcir le cœur, devienne jamais un chrétien vivant. Juger ainsi, serait méconnaître la puissance de la grâce de Dieu et donner un audacieux démenti à des faits d'une rigoureuse authenticité. Ici, nous pensons à la carrière parcourue par le général anglais *Henry Havelock* (1).

Né en 1795, dans le Durham, de parents honnêtes et vertueux, Henry Havelock montra de bonne heure un caractère calme, prudent, courageux mais irritable. Son père était constructeur de navires et dans une position aisée. Henry, tout jeune encore, était passionné de récits militaires. Cependant l'éducation qu'il

(1) *Biographie du général H. Havelock,* par *W. Brock* Lausanne, 1858

recevait dans la maison paternelle ne semblait
pas devoir le préparer pour le métier des armes.
La mère de famille était pieuse ; elle lisait la
Bible avec ses enfants et les élevait dans la
crainte du Seigneur. Elle mourut lorsque Henry
avait environ 18 ans ; ce fut pour lui une perte
très sensible. Au collège, quoique manifestant
des sentiments religieux, il n'était pas très
éclairé et la mort de sa mère amena chez lui
une crise religieuse qu'il a dépeinte en disant
que, pendant plusieurs années, Satan et le
monde triomphèrent en lui. La crise fut passa-
gère et Havelock en sortit avec des croyances
plutôt qu'avec la foi.

En 1814, il commençait l'étude du droit, mais,
dès l'année suivante, il entrait dans l'armée et,
en 1823, il partait pour les Indes. C'est durant
le voyage sur mer qu'il passa par un travail
intérieur dont le résultat devait être une
conversion qu'il a racontée lui-même en ces
termes. « Ce fut pendant sa traversée de l'At-
lantique, se rendant au Bengale, que le Saint-
Esprit vint à lui avec ses offres de paix et son
message d'amour, et malgré sa résistance, la
grâce de Dieu finit par triompher. Il se fit alors

dans son âme le grand travail, le, grand changement, source de bonheur inexprimable, et qui lui a, il en a la confiance, assuré le bonheur pour l'éternité. A bord du *Géneral Kyd* sur lequel il faisait le voyage, se trouvait le major Sale, celui qui, plus tard, défendit Jellalabad, mais il s'y trouvait aussi un homme d'un caractère humble et sans prétention ; c'était James Gardner, alors lieutenant dans le 13ᵉ, maintenant capitaine en retraite et s'occupant de travaux d'évangélisation intérieure et d'autres œuvres de charité chrétienne à Bath. Cet homme excellent eut la plus heureuse influence sur Havelock, en l'engageant à montrer sérieusement sa foi par ses œuvres. »

Henry Havelock ne devait point forfaire à ce devoir. Dès lors, il se montra « avant tout, soldat de Jésus-Christ », évangélisant ses subordonnés et supportant avec patience les mépris et les railleries de ses camarades. Arrivé converti aux Indes, à Calcutta, il fut bientôt engagé dans la guerre avec le Birman. A Rangoun, il rencontra le couple missionnaire Judson, sous l'influence duquel il adopta les vues baptistes.

C'est en 1857 qu'éclata dans les Indes la terrible révolte des Cipayes et l'on n'a pas oublié les scènes effroyables qui ont caractérisé cette guerre. Havelock y joua un rôle héroïque dans ses marches sur Cawnpoit qu'il reprit aux rebelles, sur Lucknow, assiégée par les Cipayes, et qu'il delivra après de sanglants combats. Paitout où il fut appelé à agir, il fit des prodiges de valeur et d'endurance, tout en montrant toujours la fermeté et la constance du chrétien. Mais épuisé par les fatigues et les émotions de ces horribles semaines, il mourut le 24 novembre 1857, dans une paix parfaite.

22

Quel rapport pourrait-il y avoir entre un vaillant soldat anglais et une humble chrétienne des bords du lac de Zurich? Aucun, au point de vue extérieur, un très grand au point de vue religieux, et ce rapport pourrait être caractérisé des deux côtés par le mot héroïsme. Oui, en vérité, si le général anglais s'est montré héroïque dans des circonstances bien faites pour accabler l'esprit autant que le corps, la

chrétienne zurichoise a fait preuve d'un absolu
dévouement, d'une complète abnégation de soi-
même, dans une situation pleine de difficultés
de divers genres.

Dorothée Trudel, de Mænnedorf, au canton
de Zurich, était la 11e et le plus jeune enfant
d'un père qui ne marchait pas selon les comman-
dements de Dieu, mais d'une mère pieuse, remplie du saint Esprit, et qui, dans les cas de maladie, ne voulait pas d'autre médecin que le *Seigneur seul* (1).

Malgré la position gênée de la famille et le
caractère très colérique de Dorothée, l'enfance de cette dernière fut paisible. Elle ne
reçut pas beaucoup d'instruction, mais elle
possédait de grands talents naturels et une vive
intelligence. De bonne heure, elle éprouva une
profonde crainte de Dieu, une véritable hor-
reur des péchés de la chair. Si sa taille se dé-
forma, son cœur resta pur, quoiqu'elle aimât
beaucoup la danse.

Dorothée avait 22 ans lorsqu'elle vit mourir

---

(1) *Aus dem Leben und Heimgang der Iungfrau Doro-
thea Trudel*, Basel.

subitement une de ses amies. L'effet que produisit sur elle cette mort fut tel qu'elle rompit aussitôt avec le monde. C'est ainsi qu'elle fut réveillée. « Cela, dit-elle, me terrassa si profondément, qu'à partir de ce moment, je ne désirais plus que d'appartenir à Jésus et de ne plus prendre mon plaisir qu'en mon Sauveur. » Elle se renferme alors en elle-même, et, à force de pleurer, elle se rend malade, jusqu'au moment où, s'ouvrant à sa mère qui lui prodiguait les conseils les plus sages et les plus propres à la consoler et à la diriger dans la bonne voie, elle éprouve le sentiment de paix et de joie qui accompagne la vraie conversion.

A partir de ce jour, Dorothée s'emploie d'abord à faire du bien aux ouvriers de son neveu et elle commence à imposer les mains à des malades. C'était en 1850. Elle se guérit elle-même d'une maladie de cœur et se consacre complètement au bien des âmes, avec une prédilection marquée pour les aliénés. Elle ouvre à Mœnnedorf une maison pour malades, mais elle rencontre de l'opposition de la part de l'autorité qui s'applique à entraver l'œuvre de la servante du Seigneur. Des ennemis acharnés

se liguent contre sa maison. Un procès lui est
intenté sous le prétexte fallacieux d'exercice
illégal de la médecine. L'œuvre ne s'en développe pas moins, et les heures de prières, les
méditations de la Parole attirent un nombre
toujours plus considérable de malades et de
bien portants Dorothée Trudel mettait en pratique l'onction d'huile sur les malades, d'après
la recommandation de Jacques, v. 14.

Il serait inutile d'entrer ici dans des détails
plus circonstanciés sur l'établissement du
Mœnnedorf dont la réputation s'étend au loin et
qui, on le sait, a continué à être dirigé dans le
même esprit par Samuel Zeller, le neveu de
celle qu'on appelait familièrement la Mutterli
(la petite mère). La seule chose que nous au-
rons à relever ici, c'est la puissance d'un christianisme qui transforme une faible femme en
un instrument de grandes bénédictions pour
des multitudes. Mais cette faible femme puisait
sa force dans une communion intense avec son
Sauveur, et elle pouvait dire à aussi juste titre
que le grand apôtre des Gentils : « Quand je
suis faible, c'est alors que je suis fort (II Corinth.,
XII, 10). » Dorothée Trudel, qui était née en

1813, a quitté ce monde le 6 septembre 1862.

23

C'était une époque orageuse et sombre que
celle où, en 1797, naquit *Fréd. Guill. Krummacher* ; un temps de guerres et de bouleverse-
sements sur le continent européen. C'est alors
que la rive gauche du Rhin était incorporée à
la république française (1).

Le père de Krummacher était le directeur
de l'école supérieure de Meurs sur le Rhin.
Plus tard, il occupa un poste de professeur de
théologie à l'Université de Duisbourg qui
devait être supprimée en 1806. Poète, il répandait de la gaîté dans sa maison, mais, dans ce
milieu élevé et sain à tant d'égards, la piété,
ou plutôt une vague religiosité, était le produit
de la religion naturelle plus encore que de la
religion révélée. Cependant la piété des grands
parents de Krummacher était plus éclairée. A
cette époque, « rien, dit-il, n'éveillait en lui la

(1) *Fr. W. Krummacher*, *prédicateur de la Cour de
Potsdam*. Autobiographie. Trad. par *C. Pronier*. Paris,
1870.

vie religieuse ». L'influence exercée sur lui par l'instruction religieuse et la confirmation fut même assez faible.

La première impression profonde et durable éprouvée par le futur pasteur de la Cour, résulta d'une visite qu'il fit à un oncle, pasteur à Vulfrath. Sur son lit de mort, cet homme pieux adressa à ceux qui l'entouraient des paroles telles que celles-ci : « Mes chers enfants, nous en viendrons tous là, et vous-mêmes comme tout le monde. Nous sommes nés pour mourir. Prenez-y garde, croyez de bonne heure au Seigneur Jésus, car nous ne sommes sans lui que les plus misérables des créatures. » Pour Krummacher, cette heure solennelle fut celle du réveil. Cependant, il ne devait arriver que bien des années plus tard à acquérir une foi vivante. Son autobiographie permet de suivre les diverses étapes de cet intéressant travail intérieur.

On sait comment en 1812 le sentiment national allemand se manifesta avec éclat et quelle fut, à cette époque, l'influence des poètes patriotes. Krummacher avait alors 16 ans. Son père était devenu surintendant du duché d'An-

halt-Bernbourg. Le fils subit très fortement
l'influence des littérateurs, des pasteurs, des
savants qui formaient l'entourage du père, et
non moins fortement celle du romantisme des
grands poètes Gœthe, Schiller et autres.

L'Allemagne se relevait ; elle secouait le joug
que la puissance de Napoléon avait fait peser
sur elle. En même temps, se produisait un réveil religieux, une bienfaisante réaction contre
l'incrédulité qui avait eu le champ libre durant
tant d'années.

A cette époque cependant, et malgré des
besoins nouveaux très sensibles, si le sentiment
religieux « n'était pas complètement étranger »
à la famille Krummacher, on ne s'y livrait
guère aux exercices de piété. Dans la maison,
il n'y avait même point de culte domestique.

En 1815, Krummacher visitait l'Université
de Halle, dont les professeurs, — le seul Knapp
excepté, — étaient rationalistes. Aussi les étudiants en théologie ne trouvaient-ils chez leurs
maîtres « aucun point d'appui ». En 1817, à Iena,
Krummacher ne reçoit également, quant à la
foi, rien de l'enseignement de ses professeurs,
mais il subit l'influence de bons livres et surtout

de ceux de Luther. « Là, dit-il, tous les pres-
sentiments que j'avais eus des gloires de la vie
chrétienne se transformèrent lentement en expérience personnelle de la foi »,Il semble bien
que ce soit ce moment qu'on doive envisager
comme celui de sa conversion. Cependant, à
l'occasion de son examen comme candidat, il
sentit « qu'il y avait dans son christianisme des
aspirations vagues, plutôt que des convictions
solides, des vues d'imagination plutôt que les
fruits excellents de la lutte et de l'expérience ».
Ce qui lui manquait devait lui être accordé
peu à peu et lui venir de côtés très divers.
C'est ainsi qu'en 1819, étant suffragant dans
l'église réformée allemande de Francfort-sur-
Mein, ses entretiens avec un mystique lui firent
comprendre ce qui lui manquait pour être un
vrai chrétien : « il ne vivait pas ! » Là encore
ce fut de l'excellent Vaudois Manuel, pasteur de
l'église française, dont Dieu se servit « pour
éclairer la nuit de son âme, y vivifier le désir
du salut, y rendre plus pressant qu'autrefois le
besoin de la prière ». Le pieux conseiller Jean
Frédéric de Meyer ne fut pas non plus sans
agir sur Krummacher qui, dès lors, envisagea

Francfort comme le « berceau de sa foi vivante ». Mais c'est à Ruhrort, où il arriva en
1823 et où il exerça pendant deux ans le ministère pastoral, que « leva la semence spirituelle
tombée dans son cœur à Francfort. » Après
Barmen et Elberfeld où Krummacher rencontra une vie d'église alors très puissante et où il
acquit, dit-il, « la possession effective de la vie
chrétienne », il arriva à Berlin. L'état religieux
de la ville et de sa paroisse lui causa d'abord
une profonde déception. Cependant le succès
ne tarda pas à couronner ses efforts, et, en 1853,
il était nommé prédicateur de la cour à Postdam.
Le roi Frédéric Guillaume IV le soutenait éner-
giquement.

Le 10 décembre 1868, ce fidèle et éloquent
prédicateur rendait son âme à Dieu. Il avait
mis tous ses talents, toutes ses forces au service
de son maître, non seulement comme pasteur,
mais aussi comme publiciste chrétien. Son *Elie
le Thisbite*, en particulier, a fait connaître son
nom dans les cercles religieux de langue française, comme il l'avait rendu populaire dans
les milieux de langue allemande.

24

Le comte *Agénor de Gasparin*, né à Orange en 1810, méritait bien d'être appelé un « bon chevalier de toutes les causes de la justice (1) ». Il appartenait à une famille noble et son père avait rempli de hautes fonctions dans l Etat, préfet de Lyon, ministre de l'Intérieur sous Louis-Philippe, et sa mère, à laquelle il s'est plu à rendre un touchant témoignage de reconnaissance, était une femme à la fois énergique et tendre. L'éducation qu'il reçut jusqu'à 12 ans dans sa ville natale et sous les soins d'un précepteur, fut, à tous égards, une forte éducation. A 15 ans, il était envoyé à Paris et placé au lycée Louis le Grand qui ne lui laissa que de mauvais souvenirs.

L'époque qui a précédé et suivi 1830 a été, on le sait, une époque brillante pour la France littéraire. Agénor de Gasparin reçu avocat, mais ne devant jamais plaider, devint, en 1837, maître des requêtes au conseil d'Etat. L'avenir

(1) *Le comte Agénor de Gasparin*, par *Th. Borel*, Paris, 1879.

se présentait à lui sous l'aspect le plus riant.
Son mariage avec Mlle Valérie Boissier réalisait
« l'union de deux natures parfaitement assor-
ties ». Député de Bastia à la Chambre, il se ré-
vélait comme un grand orateur et se faisait un
nom respecté comme défenseur de la liberté
religieuse. La révolution de 1848 devait bruta-
lement briser une carrière qui s'annonçait sous
de si heureux auspices, et engager A. de Gasparin à se fixer en Suisse, à Valleyre et à Genève.

Dès ses jeunes années, Agénor de Gasparin
avait subi l'influence de la bible. Elle lui était
familière ; mais les croyances de son enfance
avaient été, sinon étouffées, tout au moins en-
dormies par le milieu de Paris et par les préoccupations politiques. Elles ne se réveillèrent
et ne reprirent vie chez lui qu'après son mariage. Il dut *conquérir sa foi*. Il voulait tout
examiner à fond et des luttes ardentes se li-
vrèrent dans son âme avant qu'il arrivât à une
foi enfantine à l'Evangile. Né soucieux, avec
des moments de noir, ces dispositions s'effa-
cèrent sous l'action de l'évangile et il devint
un chrétien joyeux. Tel nous l'avons connu.

Mais, quoique éloigné de la France, M. de Gasparin était attaché de cœur à sa première patrie, aussi, on a pu dire que l'issue de la guerre franco-allemande l'avait tué. Il est mort dans sa campagne de Rivage, près de Genève, le 14 mai 1871.

Tous ceux qui ont entendu discourir ce brillant orateur, tous ceux surtout qui ont eu le privilège inestimable de connaître personnellement ce noble chevalier et son énergique compagne, ne sauraient oublier quelle a été l'activité pour le bien de ce couple auquel Dieu avait accordé des dons si remarquables. On comprend alors que la perte de son mari ait été pour Mme de Gasparin une si rude épreuve.

25

Rien, chez *Henry Ward-Beecher* encore enfant ne faisait pressentir le futur orateur. Ce frère de la célèbre Henriette Beecher-Stowe, l'auteur de la *Case de l'oncle Tom*, avait cependant de qui tenir, car son père, le docteur

en théologie, pasteur et professeur, était
d'une grande puissance de parole (1).

L'enfance de Henry Ward Beecher fut heureuse. Doué d'un caractère vif, gai, affectueux,
d'une intelligence prompte, d'une imagination
puissante, de bon sens et d'une santé vigoureuse, malgré la grande liberté qui lui était lais-
sée, il ignorait le vice. Ses qualités de cœur, il
les tenait de sa mère qui, malheureusement, lui
fut enlevée lorsqu'il n'avait que trois ans, mais
dont il garda un vivant souvenir. Ses sœurs
furent chargées de son éducation et exercèrent
ainsi sur lui une influence bénie à laquelle vint
s'ajouter celle d'une tante pieuse. Cependant,
chose curieuse ! à cette époque Henry éprouvait de la répugnance pour les sermons et l'é-
tude du catéchisme.

A l'école, ses débuts furent peu brillants,
mais le ministère pastoral auquel son père le
destinait lui apparut à lui-même comme sa
vocation. La profondeur de ses sentiments religieux se montra déjà durant le cours de ses

(1) *Un grand prédicateur américain, Henry-Ward
Beecher*, Genève, Lausanne, 1888

études théologiques. Fortement dominé par un
réveil qui éclata dans le collège, il fut ainsi
amené à scruter sa conscience et à examiner
quelles étaient les espérances qui l'avaient
poussé à devenir membre de l'église. « Pendant mon enfance, raconte-t-il, je fus guidé par
les prières, les bons exemples et la foi de mes
parents ; je savais le catéchisme et je connais-
sais les Écritures telles qu'elles étaient expli-
quées du haut de la chaire. Pourtant, jusqu'à
l'âge de 31 ans, je tâtonnai sans arriver à la
connaissance de Dieu par Christ. Lorsque,
dans la Jérusalem céleste, je serai debout
devant Dieu, je crois qu'aucun de mes souvenirs ne me sera plus précieux que celui d'une
belle matinée de mai. Ce jour-là, Dieu se révéla
à mon âme égarée comme celui qui aime
l'homme dans ses péchés, et veut l'aider à en
sortir, non pas seulement à cause des mérites
de Christ ou en vertu d'une loi ou d'un plan de
salut, mais par la plénitude de son amour. Je
sentis que j'avais trouvé un Dieu lorsque je
compris que Jésus était un avec son Père. »

Dans une autre occasion, Henry Ward
Beecher attribuait sa conversion, ou tout au

moins la clarté de ses convictions, à une lecture
de la vie du Sauveur qu'il fit un jour en une
seule fois dans un des Evangiles. Dès lors, il
n'avait cessé d'étudier cette vie pour en tirer
sa théologie et sa morale. Ses débuts comme
pasteur furent modestes, mais il déployait une
grande activité et le succès ne tarda pas à
accompagner sa prédication. Il y eut des
réveils, entre autres à Indianopolis. En 1847,
appelé à Brooklyn comme pasteur congrégationaliste, il y accomplit également une œuvre
remarquable.

Comme on le pense bien, Henry-Ward-Bee-
cher était un anti-esclavagiste prononcé et il
entreprit dans ce sens une vigoureuse campagne. Par deux fois, il vint en Angleterre plaider la cause qui lui était chère et, malgré l'opposition, il rencontra de fortes sympathies. En
1886, dans son second voyage en Angleterre, il
éprouva de grandes fatigues et, à peine de retour aux Etats-Unis, il succombait le 8 mars
1887. Sa mort causa un deuil général. Il était
né en 1815 dans le Connecticut.

26

La notoriété de bon aloi qu'avaient acquise, depuis le milieu du xix⁰ siècle, les bains de Boll, au royaume de Wurtemberg, était due essentiellement à la personne de leur directeur, le célèbre pasteur *Jean-Christophe Blumhardt*, né en 1805 à Stuttgart et mort en 1884 (1).

A la fin du xviii⁰ siècle, des besoins religieux se manifestaient en Allemagne. Les églises nationales étaient, selon la pittoresque expression des Livres saints, « figées sur leur lie ». En revanche, il se formait ici et là des associations indépendantes qui devenaient le refuge des âmes pieuses et le foyer d'une vie religieuse plus intense. C'était en particulier le cas dans le Wurtemberg.

La famille Blumhardt était pauvre ; le père était boulanger, puis, plus tard, coupeur de bois ; mais dans cette famille régnait la piété. Le culte domestique y était régulièrement célébré. Jean Christophe reçut une éducation aus-

(1) *Jean Christophe Blumhardt*, le pasteur des bains de Boll, par *M. et Mᵐᵉ Grin*. Lausanne, 1882.

tère ; enfant très intelligent, cœur chaud et
généreux, la Bible était son livre de prédilection. A 15 ans, il fut placé au séminaire de
Schœnthal dont le séjour fut béni pour lui. A
Tubingen, il fit de fortes études. Lorsqu'en 1829
il fut appelé comme suffragant à Durrmenz, il
était déjà converti, mais nous ignorons par
quelles voies le Seigneur l'avait fait passer pour
l'amener jusque-là.

Durant 6 ans et 1/2, Blumhardt fut le directeur de la maison des Missions à Bâle. En 1837,
suffragant à Iptingen, il obtint de grands succès
comme prédicateur. Mais c'est à partir de son
installation comme pasteur à Mœttlingen, en
1838, que, malgré une santé chancelante, il
déploya une grande activité. C'est alors que l'on
commença à parler des guérisons extraordinaires dont il était l'instrument et que, dans les
années 1841 et 1842, éclata dans cette paroisse
un beau réveil. Ces guérisons s'accomplissaient
par la foi, par la prière, mais ce que Blumhardt
cherchait avant tout à rétablir, c'était « la communion avec Dieu par la repentance et la foi ».
Il désirait « que les forces toutes particulières
et les dons spéciaux départis aux apôtres et aux

premiers chrétiens, fussent également répandus sur les fidèles d'aujourd'hui », Il demandait à Dieu une nouvelle Pentecôte.

En 1852, Blumhardt renonça à la carrière pastorale et fit l'acquisition des bains de Boll pour se consacrer au soin des malades. Boll devait être, dans sa pensée « une sorte d'asile pour les cœurs souffrants », et l'on sait combien ce désir du pieux directeur s'est réalisé pendant nombre d'années, quoique, par une dispensation mystérieuse du Seigneur, cet Elie n'ait pas eu d'Elisée pour relever son manteau.

Bien que la pensée directrice de l'établissement de Boll fût la guérison par la foi, Blumhardt ne dédaignait pas les secours de la médecine. « Rejeter le secours des médecins, disait-il, surtout en ce qui concerne la chirurgie, est une folie. Il n'y a pas d'erreur plus grave que celle de vouloir faire de la prière un moyen de guérison. » Une pareille affirmation dans une telle bouche aurait lieu de surprendre si l'on ne savait pas que Blumhard visait ici un système absolu et exclusif qui méconnaît la liberté que Dieu accorde à ses enfants d'user de tout avec foi et reconnaissance.

27

Dans nos temps où la nécessité et l'importance des œuvres d'évangélisation au sein des
peuples christianisés se sont fait si vivement
sentir, *Robert Whitaker Mac.-All* a sa place
marquée parmi les plus actifs et les plus remarquables ouvriers du Seigneur (1).

Né en 1821, Mac-All appartenait à une famille
distinguée. Son père, homme éminent, pasteur
près de Manchester, était un croyant humble et
actif et un prédicateur distingué. « Chez nous,
a dit son fils, la crainte et l'amour de Dieu régnaient sans partage. » Dans ce foyer béni, à
l'abri de toutes les influences adverses et mondaines, Robert, malgré une santé délicate, eut
une enfance heureuse. De très bonne heure
aussi, dès l'âge de 3 ou 4 ans, l'œuvre du Saint-
Esprit commença à se produire en lui. A 17 ans,
sa première communion fut précédée d'une certaine consécration à Dieu, sans qu'il eût cepen-

(1) *La Vie et l'Œuvre de Robert Whitaker Mac.-All.*
par *Eug. Réveillaud.* Paris, 1898

dant l'assurance de son salut. Il pensait que
Jésus avait obtenu le salut de l'humanité, et il
ajoutait : « J'espère en conséquence qu'il obtien-
dra le mien. » Malgré ce qu'il y avait encore
d'obscur, de voilé pour lui dans l'œuvre de la
Rédemption, on peut dire qu'à ce moment déjà
il y avait chez lui foi et amour, soit les éléments
essentiels de la conversion. Jésus était « son
tout », quoiqu'il n'eût pas passé par les affres
de la conversion (Théod. Monod).

Robert Mac-All avait d'abord fait des études
d'architecte qui témoignaient de son goût et de
ses qualités d'artiste. Elles étaient achevées
en 1843 et il ne semblait pas, à ce moment-là,
qu'il dût embrasser et poursuivre une autre
carrière. Cependant Dieu en avait décidé autrement et il est intéressant d'apprendre par
Mac-All lui-même comment il se consacra dé-
finitivement à l'œuvre du Seigneur. « Un soir
de dimanche, pendant l'hiver 1844, j'étais assis
dans une chapelle de Londres. Je n'avais aucun
intérêt spécial dans le lieu ou la circonstance.
C'était une chapelle que je fréquentais rare-
ment. Je crois que je n'avais jamais entendu le
prédicateur et, certainement, je ne l'ai jamais

entendu depuis. Le sermon, fait pour soutenir
une institution religieuse, était noble, vrai et
sérieux, mais il ne m'apporta pas de nouvelles
idées. Tout en l'écoutant je méditais et je me
décidai virtuellement à changer entièrement ma
vie quant à son but et à ses occupations ; en un
mot le désir irrésistible de changer de direction
se fit jour en moi, il prit corps en me conseil-
lant d'abandonner une carrière adoptée par
goût, et pour laquelle j'étais sûr d'avoir les
qualités nécessaires et de recommencer un
cours préparatoire en vue du ministère chrétien. » En conséquence de cette décision, Mac-
All, ses études théologiques achevées, devint,
en 1848, pasteur de l'église congrégationaliste
de Sunderland qu'il devait desservir durant
sept années.

En août 1871, Mac-All fit un voyage à Paris.
« Le peuple, qui sortait à peine des désastres
déchirants de la guerre et de la commune, se
montrait très sensible à toute manifestation de
sympathie ». Mac-All, qui avait alors 49 ans, et
sa digne compagne, comprenant l'œuvre à laquelle le Seigneur les appelait, s'établirent alors
à Belleville, au cœur même des quartiers

ouvriers et fondèrent cette admirable *Mission Mac-All*, dont le célèbre évangéliste Moody a pu dire qu'elle était une « mission modèle pour le monde ». Cette mission est trop connue par ses nombreuses ramifications en France, en Algérie et ailleurs, pour qu'il soit nécessaire d'entrer ici à son sujet dans plus de détails. Quant à son fondateur, il ne cessa de s'en occuper qu'en cessant de vivre. Le 13 mai 1893, il rendait son âme à Dieu, en laissant après lui un long sillon de lumière.

*_**

Les pages qui précèdent nous ont fait pénétrer dans des milieux fort différents les uns des autres, et mis en relation avec des personnages que rien, ou à peu près rien, dans leurs carrières diverses, ne semblait devoir rapprocher. Les uns sont nés dans des familles distinguées par leur position sociale ou leur fortune; d'autres, dans des familles modestes, parfois même très communes, mais sans que ces conditions extérieures de vie aient toujours produit des différences appréciables au point de vue reli-

gieux. La piété n'était pas toujours associée à
la fortune pas plus que l'indifférence à la pauvreté. Des tentations identiques quant à leur
intensité étaient, d'un côté comme de l'autre,
des obstacles souvent puissants à la conversion.

Dans ces milieux si différents, parfois favorables, parfois défavorables à la conversion, les
caractères individuels, les propensions naturelles devaient jouer un rôle important. Chez
les uns, l'imagination l'emporte sur d'autres
facultés et prépare au sujet des déceptions parfois amères, tandis que chez d'autres la mélancolie assombrit le caractère. Nous avons constaté chez plusieurs des aspirations élevées,
même à un âge encore relativement tendre,
comme chez d'autres un tempérament colérique, vicieux même. La mondanité s'est alliée
à des dispositions pleines de calme, de douceur
aussi bien que de sensibilité facilement irritable.

En général, l'influence religieuse a un peu
plus de prise sur l'enfance et la jeunesse que
sur l'âge mûr, bien que ce dernier cas
se soit aussi présenté à nous. Cette influence a
revêtu les formes les plus diverses, la maladie

et des dangers de mort, la mort elle-même, celle d'une mère, par exemple ou d'un ami, d'un frère aîné, d'un oncle pieux, etc. Nous avons eu à noter plus d'une fois l'action exercée sur l'individu, soit par une mère ou des parents, soit par un père. par des pasteurs ou d'autres personnages pieux.

Certains livres ont eu aussi, chez plusieurs, une grande part dans la préparation à la conversion. Parmi ces livres, il en est qui mériteraient une mention spéciale, parce que leur influence a été très forte et très générale à l'époque du Réveil qui a caractérisé le premier quart du XIXe siècle. Toutefois ces livres n'ont pu être des moyens efficaces pour préparer la conversion que dans la mesure où ils étaient inspirés par la Bible elle-même et il faut reconnaître que celle-ci a eu la part prépondérante dans l'influence littéraire subie par un grand nombre d'âmes. Nous ne pourrions nous en étonner et nous nous bornons à constater un fait qui s'est toujours produit et se reproduira sans cesse partout où des âmes seront amenées de l'indifférence, de l'incrédulité ou de l'ignorance à la foi chrétienne.

La conversion s'est montrée ici à nous presque
toujours préparée par des luttes intérieures ou
accompagnée de combats parfois bien vifs. Ces
luttes sont causées par la résistance personnelle
de l'individu qui ne veut pas se rendre et qui
cherche par tous les moyens à *sauver sa vie*,
selon l'expression de Jésus. Mais elles peuvent
provenir de difficultés inhérentes à la condition sociale, aux nécessités économiques de
l'individu ou de sa famille, d'autres fois à l'opposition que le sujet rencontre chez ses proches
et ses intimes. A ce propos, il n'est pas sans
intérêt de rechercher si la sanctification peut
s'accomplir indépendamment de la conversion
et se présenter sous l'aspect d'une évolution
toute naturelle ? Les *Archives de psychologie* (1)
renferment à ce sujet une note dont nous ayons
à tenir compte. En analysant l'une des observations qu'il a faites, M. le professeur Flournoy croit pouvoir affirmer qu'il y a des crises
religieuses qui ne sont pas assimilables « aux
exemples classiques de *conversion*, mais à ceux
notablement plus rares de *sanctification* »

(1) Genève, n° 8, octobre 1903

(p. 340). La « mue de sanctification » se pro-
duirait ainsi chez des personnes qui n'auraient
pas passé antérieurement par la conversion et
qui appartiendraient très nettement au « type
de développement religieux par évolution graduelle ».

Cela est-il possible ? La sanctification — qui
est le développement du nouvel homme, —
serait-elle concevable avant et sans la conversion qui est la naissance de cet homme à la vie
nouvelle ? Toutefois, ce que l'on peut dire et ce
que l'observation permet de constater, c'est
que, chez plusieurs, le germe de la vie nouvelle
se développe sans être accompagné de luttes
sensibles et que la crise s'accomplit sans que le
sujet soit particulièrement secoué par elle.

Il est parfaitement vrai que « le travail de
la grâce se fait dans certaines âmes à l'insu de
tout le monde, à l'insu d'elles-mêmes Ces
âmes, que Dieu a douées d'une précieuse doci-
lité, prennent aussi doucement que l'eau les
formes du vase. Elles ne sont pas nées chrétiennes, mais elles le deviennent avec si peu
d'effort, qu'elles semblent devoir au bénéfice de
leur nature ce que d'autres n'obtiennent qu'au

prix de pénibles combats ou de longues ré-
flexions (1) ». Des hommes comme Oberlin,
Rochat, Gordon, par exemple, ont pu nous
fournir des preuves à l'appui de ce qui précède.
Cependant, nous avons dû constater que pas
un de ces hommes n'a pu méconnaître, dans
le travail spirituel accompli dans son âme, un
moment où l'orientation de sa vie était chan-
gée ; le moment même où la conviction de
péché a amené chez lui la repentance, la conversion et l'entrée dans le chemin de la sanctification ou de la vie nouvelle.

***

Les vies chrétiennes qui viennent de passer
successivement sous nos yeux fourniraient elles
les éléments de cette loi de la conversion dont
la connaissance exacte serait d'une si grande
importance pratique ? En général, parler de loi,
c'est parler de quelque chose d'absolu, d'une
règle qui ne saurait souffrir d'exceptions. Dans

(1) A. Vinet, *Théologie pastorale*, p. 322. Voir aussi
la biographie de John Newton.

ce cas, toutes les conversions revêtiraient invariablement les mêmes caractères, s'accompliraient d'une manière identique et sans écart possible du chemin tracé. Évidemment il n'en y a point ainsi dans la réalité. Le prétendre serait contredire à l'expérience et à l'observation impartiale des faits. « La grâce, qui est la Providence des âmes, choisit ses moyens d'action et enchaîne les événements comme il lui plaît (1) ». Toutefois, si l'on est contraint de dire que les conversions se présentent sous autant de formes différentes qu'il y a d'individus qui se convertissent ; que, plus que dans tout autre domaine, la diversité la plus grande règne dans celui-ci, il n'en est pas moins facile de signaler, dans toutes les conversions, des traits communs, des caractères essentiels, des expériences semblables, toutes choses qui, en définitive, établissent une unité dans la diversité (2). Si cela ne constitue pas une loi dans la

(1) A. Westphal, l'homme, Dieu et la conscience (*Foi et Vie*, juin 1902).

(2) « Nous nous permettrons d'observer que l'œuvre de la conversion de tout homme se compose des mêmes éléments, dont la proportion ne varie pas, mais

rigoureuse acception de ce mot, il y a cependant entre les diverses étapes franchies par toutes les âmes sur le chemin de la conversion, des analogies assez étroites pour qu'on soit autorisé à en déduire une règle commune. « C'est une des choses les plus étonnantes et les plus admirables que la similitude des expériences chez les chrétiens vivants, qui peuvent avoir vécu dans des époques et des milieux très divers. Ils se sentent frères au fond, et l'identité de leurs expériences et de leur vie suffit à les unir malgré tout ce qui pourrait les séparer (1). »

L'intervention de l'agent de liberté dont nous avons parlé plus haut et dont l'action nous sera rendue d'autant plus sensible que nous observerons de plus près les rapports qui existent entre la conversion de l'homme et sa régénération par le Saint-Esprit, cette intervention nous apparaît ici comme évidente.

qui peuvent être différemment distribués (A Vinet, *Theologie pastorale*, p 321, sur la nécessité de présenter à l'âme l'Evangile tout entier).

(1) Ch. Porret, *Liberté chrétienne*, 1902, p. 18

CONVERSION ET RÉGÉNÉRATION

Les étapes sur le chemin de la conversion que les biographies analysées ont contribué à nous faire connaître, les Saintes Ecritures les signalent elles-mêmes en de nombreux passages dont la portée ne saurait être méconnue. Et tout d'abord il faut faire ici une étude spéciale de ce qu'on peut considérer comme le texte classique sur le travail de l'Esprit de Dieu dans le cœur de l'homme, soit cette portion de l'entretien de Jésus avec Nicodème qui est renfermée entre les v. 1 et 10 du chapitre III de l'Evangile selon Saint Jean.

Elle fut à tous égards mémorable cette nuit

où Jésus posa devant Nicodème le principe
initial et la condition première de toute vie
réellement chrétienne. On s'étonne que le docteur d'Israël ne pénètre pas du premier coup le
sens profond et la portée de cette affirmation :
— « Si un homme ne naît de nouveau (ou d'en
haut), il ne peut voir le royaume de Dieu » On est
presque scandalisé à l'ouïe de la traduction
grossièrement matérielle qu'il donne à la parole
de Christ : « Comment un homme peut-il
naître quand il est vieux ? Peut-il rentrer dans
le sein de sa mère et naître une seconde fois ? »
Mais, en signalant chez l'interlocuteur de Jésus
un défaut de spiritualité, en ne lui attribuant
même qu'une intelligence bornée, on oublie
trop peut-être que ce pharisien « se représente
le règne de Dieu comme une existence terrestre, embellie, glorifiée. Aussi longtemps que le
royaume de Dieu est ainsi compris, s'il faut
réellement le miracle d'une seconde naissance
pour y entrer, cette naissance ne peut être con-
çue que comme étant de même nature que la
première, ce qui conduit à l'absurde, et c'est
cette absurdité que Nicodème fait ressortir par
une figure qui est absurde précisément parce

qu'il veut qu'elle le soit (1). » A la vérité, on pourrait conclure de la parole de Jésus, que Nicodème aurait pu et dû raisonner autrement que la masse ignorante ; s'élever au-dessus de la conception vulgaire sur le privilège religieux que la descendance d'Abraham conférait au peuple élu. Mais, évidemment, aux yeux de ce docteur, sa qualité d'Israélite impliquait celle de citoyen du royaume de Dieu, et comme, par le fait même de sa naissance, il estimait être déjà entré dans ce royaume, il ne voyait aucune nécessité d'y être introduit de nouveau par un acte dont au reste il ne comprenait pas la nature.

Si l'on est surpris de cette absence de spiritualité chez un magistrat, chez un membre du sanhédrin, chez un docteur en Israel, combien cet étonnement ne serait-il pas mieux justifié si l'on réfléchissait à l'état d'esprit de nombre de personnes — parfois même de conducteurs d'églises — qui, tout en professant la foi, tout en s'estimant dans la bonne voie, trahissent

(1) F. Godet, *Commentaire sur l'Évangile de Saint Jean*, 1re édition, I, p. 406

dans leurs discours, dans leurs professions même les plus explicites, une connaissance si rudimentaire, une intelligence si incomplète de la grave question que Jésus traite devant Nicodème.

٭_٭٭

L'évangéliste, le prédicateur, le pasteur font avec raison, dans leurs discours publics et dans leurs entretiens privés, un fréquent usage du mot conversion. Ils y sont autorisés par d'impérieux motifs et par des modèles de premier ordre. Sur les bords du Jourdain, Jean Baptiste disait aux masses qui venaient à lui : « Repentez-vous ! convertissez-vous ! » Au début de son ministère terrestre, Jésus lui-même s'écriait : « Repentez-vous car le royaume de Dieu est proche ! » Au jour de la Pentecôte, c'est encore ce cri : » Repentez-vous ! Sauvez vous de cette race perverse ! » qui sort de la bouche des apôtres. Et c'est ainsi que débutera toujours toute activité qui aura pour objectif le salut des pécheurs.

Remarquons toutefois, — et cela a son importance, — que Jésus n'emploie pas le mot de conversion dans son entretien avec Nicodème. Il parle de nouvelle naissance et il insiste sur ce point. Et s'il est vrai que les opérations spirituelles désignées par le mot de conversion et de régénération ont entre elles des liens fort étroits, il est cependant nécessaire de les envisager comme les phases successives d'un travail dont le cœur de l'homme est le théâtre.

Ce travail, dans ses diverses périodes, ne s'accomplit sans doute jamais sans une action plus ou moins sensible du Saint-Esprit. L'appel à la conversion, de quelque nature qu'il soit, sous quelque forme qu'il se fasse entendre, est bien toujours une voix d'en haut adressée au cœur et à la conscience du pécheur. A leur tour, les moyens de grâce offerts à ce dernier répondent également tous au but que Dieu se propose. Néanmoins, la conversion peut à bon droit être envisagée comme étant la part de l'homme, ce qu'on pourrait appeler sa contribution personnelle dans l'œuvre du salut. Elle suppose que l'appel d'en haut a été entendu, écouté et suivi ; que la conscience a été réveillée et que la conviction de péché a fait naître

chez le pécheur le besoin du pardon. Le regard
alors jeté sur Celui qui pardonne, — regard
qui implique le don de soi-même, — voilà la
conversion.

C'est grâce à ces conditions réalisées que se
produit l'opération mystérieuse et décisive que
Jésus désigne sous le nom de nouvelle naissance,
naissance d'en haut, naissance de l'Esprit; opération rendue sensible par le mot de *régénération*
et qui constitue la part absolument et spécifiquement divine dans la transformation du pécheur.
C'est en quelque sorte le sceau, le cachet de
Dieu apposé sur ce nouveau-né devenu ainsi un
enfant de Dieu. « Si nous pouvions déraciner
le mal (qui est nous-mêmes) ce serait au moyen
de quelque force bonne plus profonde que n'est
ce mal ; or si elle existait, ce mal n'aurait pas
pu naître Il ne s'agit pas de moins, on le voit,
que d'une création nouvelle, et autant il serait
absurde, en mécanique, de chercher le point
d'appui dans le corps même qu'on veut mou-
voir, autant il le serait en morale de vouloir
faire un être nouveau avec les éléments mêmes
de cet être. Or, la réhabilitation devant Dieu,
la réintégration dans nos rapports primitifs avec

lui n'est possible qu'à ce prix ; le pardon est tellement inséparable de la régénération que cette régénération elle-même est la substance du pardon et sa consommation (1) » »

Au reste, on ne saurait mieux rendre compte de la différence qui existe entre la conversion et la régénération qu'en disant que l'homme se convertit mais qu'il ne se régénère pas lui-même. C'est d'en haut qu'il est réengendre. Dans l'Ancien Testament déjà, l'appel à la conversion est fréquent, mais toujours conformément au principe que c'est à l'homme à se convertir. S'appuyer, pour prétendre le contraire, sur des passages tels que Jérémie, xxxi, 18, serait mal interpréter une parole dont la traduction exacte est « ramène-moi et je reviendrai », parole qui se rapporte au retour des captifs en Canaan et non à un changement du cœur.

**

Si la condition posée par Jésus que nul ne peut voir le royaume de Dieu s'il n'est engen-

(1) A. Vinet, *Essais de philosophie morale et de morale religieuse*, 1837 (sur la réduction des dualités, p. 21).

dré d'en haut est formelle, elle ne souffre aucune exception. Comme il n'y a point de juste, non pas même un seul (1), point d'homme qui ne soit né pécheur et placé sous la condamnation que le péché entraîne après lui, il n'en est point non plus qui soit dispensé de l'obligation de se convertir, de se tourner vers Dieu, de lui donner son cœur (2) pour devenir, sous l'action puissante du Saint-Esprit, ce régénéré, ce né de nouveau qui verra le royaume de Dieu, c'est-à-dire qui deviendra un citoyen de ce royaume.

La pensée de Jésus pourrait donc se traduire ainsi : « le royaume de Dieu ne s'ouvrira pour toi, Nicodème, que par une transformation intérieure personnelle (F. Godet).» Il ne s'agit pas, en effet, comme Nicodème le croit, « de porter plus ou moins de fruits, mais de planter un nouvel arbre (3). »

Si l'on a pu dire avec raison que « la Bible ne renferme pas une théorie de la conversion

(1) Rom , iii, 10 (Psaume xiv, 41).
(2) Actes, xviii, 30.
(3) Astié, *Explication de l'Evangile selon Saint Jean,* p. 60.

parce qu'elle n'est pas un manuel, un livre de recettes, un recueil de programmes tout faits, dispensant celui qui vient à elle du souci de penser et du devoir de se former lui-même (1), » néanmoins le principe posé par Jésus se trouve confirmé et accentué par les écrivains sacrés du Nouveau Testament. C'est ainsi que Pierre, dans sa première Epître, chapitre i, v. 3, envisage les chrétiens auxquels il écrit comme « ayant été régénérés par la grande miséricorde de Dieu », et, au v. 23, comme « ayant été régénérés non par une semence corruptible, mais par une semence incorruptible, par le moyen de la Parole de Dieu qui vit et demeure éternellement ». Dans l'interprétation qu'il fait de ce passage, Calvin estime que « l'intention de Pierre est de nous enseigner que, sans la régénération, nous ne sommes point chrétiens ». C'est bien là le sens de la parole de Jésus à Nicodème : « il faut que vous naissiez de nouveau (ou d'en haut). »

Saint Paul, dans le chapitre iii de son Epître

(1) A. Westphal, l'homme, Dieu et la conscience (*Foi et Vie*, juin 1902).

à Tite, n'est pas moins explicite : « Il nous a sauvés, non en vertu d'œuvres qui fussent dans la justice, et que nous eussions faites, mais selon sa miséricorde, par le moyen du bain de la renaissance et du renouvellement du Saint-Esprit » Calvin, commentant cette parole de l'Apôtre, ajoute : « Nous sommes nettoyés par la vertu du Saint-Esprit et non point par la vertu de l'eau (du baptême). C'est l'Esprit de Dieu qui nous régénère et fait nouvelles créatures. »

La double opération de la conversion et de la régénération, soit l'action de l'homme et l'action de Dieu se combinant d'une manière harmonique, met le nouveau-né de l'esprit en possession du salut, en même temps qu'elle ouvre devant lui le chemin de la sanctification. « L'action de l'Esprit qui seul régénère et transforme, introduit le principe d'une vie nouvelle qui dissipe les ténèbres et sanctifie l'homme (1). »

Si tous les hommes, en tant que pécheurs, ont à se convertir et à passer par la nouvelle

(1) Astié, *Explication de l'évangile selon saint Jean*, p. 63.

naissance, sommes-nous autorisés à conclure de cette nécessité à une loi de la conversion ? Le Saint-Esprit use-t-il des mêmes procédés à l'égard de tous ceux qui sont amenés par lui à la vie ? L'histoire d'une âme transportée des ténèbres dans la lumière serait-elle l'histoire de toutes les âmes sauvées ? Cette question si intéressante est d'un intérêt pratique évident pour tous ceux qui, à des titres divers, peuvent être appelés à exercer quelque action sur leurs semblables dans le but de les diriger dans les voies du salut. S'il y a un procédé fixe, toujours le même, employé par le Saint-Esprit, il importe de le connaître exactement afin que les efforts humains soient en parfaite harmonie avec l'action divine. Autrement, il y aurait conflit, et par conséquent le résultat cherché serait nul, ou, tout au moins, fort compromis.

*_**

De prime abord on peut douter que le Saint-Esprit travaille d'une manière toujours identique et, pour ainsi dire, fatale dans les âmes.

La loi parfaite est la loi de la liberté (Jacques, i,
25), et le Saint-Esprit met lui-même en jeu cette
loi de la liberté : « Le vent souffle où il veut »,
dit Jésus, et il ajoute : « il en est de même de
tout homme qui est né de l'Esprit ». Cette question, d'une portée si considérable, exige mani-
festement une étude toute spéciale.

Et d'abord, la traduction. Faut-il rendre le
texte original par *vent* ou par *Esprit* ? La version
de Lausanne dit Esprit, les autres versions
disent vent. Les deux traductions sont également autorisées; le vent deviendrait ici l'em-
blème le plus frappant de l'action de l'Esprit
(F. Godet), et il semble bien que, dans le cas
particulier, le mot vent conviendrait mieux. Le
vent soufflait-il en ce moment et Jésus use-t-il
ici du procédé dont il se sert souvent en utili-
sant des faits matériels pour exposer une doctrine ? Cependant l'image convient aussi à l'Esprit. C'est l'idée du mystère qui domine. Qui
sait où le vent commence à souffler et où il finit
de souffler ! Et toutefois, cet état d'ignorance
chez l'homme ne l'empêche pas de ressentir
l'action du vent. Et de même, qui rendra jamais
compte de ce qu'il y a de profondément mys-

térieux dans l'action de l'Esprit, puisque cette action échappe absolument à l'observation des sens ?

D'autre part, l'intention de Jésus ne serait-elle pas d'appuyer sur ce qu'il y a de mystérieux non pas précisément dans l'action de l'Esprit, mais « dans les effets divins que cet Esprit fait éclater dans l'âme humaine (F. Godet) », dans ce qui n'est manifesté que par la vie du nouveau-né de l'Esprit ? dans ce que ce nouveau-né est mis en état de percevoir chez tel autre placé dans la même situation spirituelle que lui? Jésus dit en effet : « il en est de même de *tout homme* né de l'Esprit. » Cet homme est un mystère pour ceux qui ne lui ressemblent pas, qui n'ont pas fait les mêmes expériences « Le fait de la nouvelle naissance n'est pas un fait qui soit perçu par les sens. Quelque réel qu'il soit, on ne le discerne qu'après qu'il est accompli. Jean, iii, 8 (F. Godet) (1). »

La question qui se pose est celle-ci : l'Esprit, en tant qu'agent de la transformation spirituelle de l'homme, serait-il diminué dans sa liberté,

(1) « Si l'homme peut préparer la conversion, coopé-

ou même annihilé, parce qu'il existerait une
loi de la conversion ? Si cette loi était établie
par l'Esprit lui-même, elle ne serait évidemment
que l'emploi voulu par lui de sa propre liberté. « Quant à l'Esprit régénérateur, il souffle
où il veut, seulement son champ d'action est limité par le pardon d'eau et d'esprit (F. Godet). »
L'idée de loi n'implique pas nécessairement
celle d'absence complète de liberté chez l'individu soumis à la loi, encore moins chez l'auteur
de cette loi. Et, d'autre part, si l'on constate
que l'esprit a une méthode qu'il observe dans
son action sur les individus, ne peut on pas en
conclure que sa liberté se déploie dans les circonstances qui préparent ou facilitent la conversion ? dans ce qu'on pourrait appeler les
voies d'accès qui varient en effet beaucoup d'individu à individu. Pour les uns, en effet, ces
voies d'accès peuvent être comparées à des che-
mins à ciel ouvert, pour d'autres, à des sentiers

ier au résultat final en employant diverses méthodes
recommandées par l'expérience, le phénomène décisif
reste humainement inexplicable » (E Vollet, *Foi et Vie*,
novembre 1902 : Quelques mots sur la civilisation et
les missions).

sous bois, mais tous convergeant vers le carrefour central. Si le chemin de la conversion présente les aspects les plus variés, les étapes sont les mêmes pour tous ceux qui suivent ce chemin. N'est-ce pas là une démonstration pratique de la liberté de l'Esprit ? En face de cette diversité de moyens, on peut affirmer que l'Esprit souffle où il veut et ce ne serait pas contredire à cette affirmation que de statuer une loi de la conversion, ou, si l'on préfère, une méthode d'après laquelle l'Esprit agirait pour amener les âmes à la vie nouvelle.

***

L'Ecriture-Sainte contient des récits de conversions et des préceptes propres à nous orienter dans cette étude. Nous assistons au travail qui s'accomplit dans les âmes et nous sommes mis en face de la théorie que les faits expriment d'une manière concrète et pratique. De ces faits et de ces préceptes ressortent avec clarté les conditions essentielles de la conversion et cela avec tant de précision que, sous l'ombre du mystère, un même fait se présente positif et vivant.

Avant la venue de Jésus-Christ, et surtout avant le don du Saint-Esprit à la Pentecôte, la conversion ne nous paraît pas présenter tous les caractères qu'elle revêt après cette mémorable journée. Sans doute, sous la première alliance, l'idée de la conversion est loin d'être étrangère aux écrivains sacrés; le terme lui-même se rencontre fréquemment sous leur plume. Mais entre la Nouvelle et l'Ancienne Alliance, il existe une différence spécifique essentielle. Tout membre du peuple d'Israël est censé appartenir à Dieu par le fait même de sa naissance. Il peut se détourner de Dieu, devenir infidèle à la loi qui régit son peuple, et alors il est appelé à se convertir, soit à se retourner vers Dieu, à revenir à lui et à le faire de tout son cœur. Toutefois, dans ses jours d'égarement et d'infidélité, il n'a pas cessé d'appartenir au peuple élu.

Tout autre est le caractère du membre de la Nouvelle Alliance. Par nature, il n'appartient pas à la nation sainte dont or ne fait partie qu'ensuite du don de soi-même et de la régénération par le Saint-Esprit. C'est cette opération du Saint-Esprit qui établit entre l'âme et Dieu une relation toute spéciale, qui fait de l'homme né de nouveau un enfant de Dieu. La naissance dans le sein d'une famille pieuse n'implique pour personne la qualité de nouveau-né de l'Esprit (1).

Depuis l'effusion du Saint-Esprit, au jour de la Pentecôte, l'idée de la régénération se précise donc ; le fait lui-même devient sensible. Lorsque l'apôtre Pierre, s'adressant à la multitude des « Juifs pieux, de toutes les nations qui sont sous le ciel », rassemblés à Jérusalem, dit à ceux dont le cœur est « transpercé » (vraie traduction) et qui demandent : Que ferons-nous ? leur dit : convertissez-vous, et vous recevrez le don du Saint-Esprit (Actes, ii, 38),

---

(1) « Pour être vraiment converti, ce n'est pas assez d'avoir été, comme Démas, le compagnon d'œuvre de quelque zélé ministre du Seigneur, et d'avoir partagé son opprobre. On peut être nommé avec éloge par les chrétiens les plus distingués, et être regardé par eux comme un frère, sans que pour cela on ait son nom inscrit dans le livre de vie. » (Aug. Rochat, *Méditations sur quelques portions de la Parole de Dieu*, p. 242).

il marque bien les deux moments essentiels de
l'œuvre de Dieu dans un cœur d'homme. C'est
l'homme qui se tourne vers Dieu dans le sentiment de sa misère spirituelle que le Saint-Esprit régénère.

Le récit de la conversion du geôlier de Philippes n'est pas moins instructif. Dans le
trouble profond qu'il ressent en constatant ce
qui vient de se passer dans la prison dont il est
le gardien, cet homme se voit perdu, — non
pas simplement auprès des magistrats de la
ville, — mais devant Dieu. Dans son angoisse
il s'écrie : Que faut-il que je fasse pour être
sauvé? (Actes, xvi, 30.) Sous l'influence de l'enseignement qui lui est donné à l'heure même
par les apôtres, il est éclairé, converti, baptisé,
joyeux, et tout ce travail si rapidement accompli ne peut être envisagé que comme l'action
toute puissante et efficace du Saint Esprit, le
régénérateur. Les faits de cette nature illus-
trent les préceptes de l'Ecriture sainte relatifs
au sujet que nous traitons. Mais, pour que
l'œuvre du Saint Esprit soit complète, il faut
qu'il ne manque aucun anneau à la chaîne de
ce qu'on peut appeler l'ordre de la grâce.

« Réveille-toi, toi qui dors, et te relève d'entre
les morts et Christ t'éclairera. » Réveillée, rele-
vée, illuminée, voilà en trois mots l'histoire de
toute âme qui a été transportée des ténèbres
naturelles dans la merveilleuse lumière de
Christ. Si les écrits du Nouveau Testament
sont sobres en fait de récits de conversions,
d'autre part le tableau des conditions qui font
le chrétien, des caractères propres du disciple
de Christ, est peint avec des couleurs assez
vives pour que le vague ne demeure pas dans
l'esprit de celui qui contemple ce tableau. Ces
traits se retrouvent partout où se produit une
conversion réelle et durable.

*
**

L'histoire de l'Eglise chrétienne offre, on le
comprend, un riche champ d'études à la psychologie religieuse. Dans cette église, fondée,
affermie par les conversions nombreuses qui
ont couronné et couronnent encore l'œuvre de
la prédication évangélique, il est facile de re-
cueillir des faits propres à jeter un jour lumi-

neux sur les diverses opérations du Saint-Esprit,
sur ce que nous avons appelé les étapes de la
conversion. On peut donc affirmer que le commentaire le plus fidèle et le plus éloquent de
la parole adressée autrefois par Jésus à Nicodème, c'est encore et toujours la vie du plus
humble, comme du plus éminent chrétien.
C'est là que l'on saisit, comme sur le vif, l'action graduelle du Saint-Esprit, les phases diverses que l'âme parcourt depuis le premier
appel qui lui est adressé, jusqu'au moment
où, vaincue, elle devient à son tour victo-
rieuse.

Ce qui ressort avec une grande évidence de
tout ce qui précède, c'est qu'il n'y a pas de conversion véritable sans une conviction préalable
de péché. De quoi se repentirait-on si, tout
d'abord, on ne reconnaissait qu'on a de sérieux
motifs pour se repentir ? Et ici, il ne s'agit pas
de se repentir des conséquences pénibles et
douloureuses de tel péché commis, mais du
péché en soi. Cette distinction est importante.
Beaucoup, en effet, de ceux qui manifestent
quelque repentir, ne déplorent au fond qu'une
chose, c'est d'avoir fait un mauvais calcul en

commettant tel ou tel péché, de n'en avoir pas
prévu les suites fâcheuses pour eux-mêmes. Ils
ne sont nullement troublés par la vue du péché
considéré en lui-même. Ce n'est pas là la véritable repentance, la douloureuse conviction de
péché. Dans toute conversion sérieuse, profonde, ce qui se rencontre au point de départ, à
la base, c'est le sentiment angoissant de ce qu'il
y a de tragique dans le péché qui crée une sé-
paration entre Dieu et le pécheur (1). C'est ce
que nous avons constaté, par exemple, chez
lady Huntingdon, chez Whitefield et surtout
chez des hommes comme John Newton qui
pouvait parler de lui-même comme d'un tison
arraché du feu, chez La Fléchère et chez Thomas Scott, quoique à un moindre degré. Ce
sentiment douloureux est manifeste bien que
moins vivement accentué chez d'autres chrétiens comme Oberlin, Aug, Rochat, Brainerd
Taylor, Mac Cheyne, etc. ; cela dépend du ca-

(1) « Sans doute en amenant une âme au Sauveur, le
Saint-Esprit la conduit invariablement à avoir une
conscience pleine et entière de son péché, mais il rend
ce sentiment intérieur de condamnation plus douloureux et plus intolérable pour les uns que pour les
autres » (Mac Cheyne).

ractère individuel, du tempérament même et des diverses influences que l'âme a subies. Il n'en reste pas moins que, chez tous les convertis, le travail qui s'est opéré a présenté, sous les aspects les plus variés, les mêmes caractères essentiels,

Lorsque nous consultons l'histoire de la conversion de nombreux chrétiens, il semble au premier abord, qu'il y a entre tous ces phénomènes des différences si considérables qu'il y aurait nécessité à instituer autant d'espèces de conversions qu'il y a d'individus. Sans doute, nous l'avons reconnu, l'aspect extérieur diffère, mais si nous interrogeons tous ces convertis, nous rencontrons chez tous aussi les mêmes procédés de l'Esprit, Tous, à un certain moment, se sont vus pécheurs, condamnés, perdus. Tous ont souffert de cet état, et soupiré après la délivrance, le pardon. Tous ont trouvé la paix au pied de la croix de Christ. Tous, enfin, ont été scellés du Saint-Esprit et ont entendu, dans leurs cœurs, le témoignage de l'Esprit les assurant de leur qualité d'enfants de Dieu. La carrière terrestre de ces divers témoins a été différente. Pour chacun d'eux la vie a eu ses facilités et ses difficultés, ses joies et ses souffrances. Au-

cune de ces vies n'a ressemblé aux autres, et cependant tous ces convertis se rencontrent sur le
même terrain ; tous sont unis dans la même foi,
rendent hommage au même Dieu Sauveur, et
se réjouissent de la même joie, la joie du salut. Sous les apparences les plus variées, et
parfois les plus contradictoires, un même travail, profond, mystérieux, s'est accompli pour
aboutir à un résultat identique : la vie nouvelle, la vie dans la lumière et la paix, la vie
du nouveau-né de l'Esprit.

Après cela, serait-il vraiment téméraire, contraire à la vérité de conclure qu'il y a une loi
de la conversion ? qu'il y a une méthode du
Saint-Esprit ? Invoquera-t-on, pour infirmer
cette conclusion, le fait des conversions spontanées? Et d'abord, toute conversion n'est-elle
pas spontanée ? N'est-ce pas, dans l'ensemble
des mouvements religieux, des émotions spirituelles, ce qui la caractérise ? N'arrive-t il pas
trop souvent qu'en traitant ces matières on con-
fonde la conversion elle-même avec les circonstances qui la préparent et la rendent possible.
Une âme sollicitée de se convertir peut hésiter
longtemps à répondre à l'appel ; elle peut avan-

cer et reculer, donner lieu successivement à des
espérances et à des craintes, mais lorsqu'une
fois elle prend une résolution décisive, le pas
à franchir l'est aussitôt. C'est alors qu'il y a
conversion et non simplement réveil et combat
intérieur. Nous en avons eu un exemple assez
frappant dans la biographie de Thomas Scott.

En second lieu, lorsqu'une conversion paraît
revêtir tous les caractères de la spontanéité,
n'en juge-t on pas ainsi grâce à l'ignorance où
l'on est du travail préalable accompli mysté-
rieusement dans le cœur et la conscience par le
Saint-Esprit; travail dont l'individu lui-même
ne se rend pas toujours compte et pour lequel
la question de temps n'existe pas ? « Oh ! si j'en
jugeais par mon expérience, je croirais volontiers que la vie qui précède la conversion
abonde en témoignages de grâce, beaucoup
plus que l'homme ne le sait ou ne le suppose...
Il y a une grâce *prévenante* qui pénètre dans
l'homme, qui s'établit et qui s'affermit en lui
sans qu'il le sache (1). » Tel, dont la conversion
paraît soudaine, pourrait remonter aux impres-

(1) A. Tholuck, *Heures de recueillement chrétien,* I,
p. 100.

sions de son enfance, impressions qui n'ont été qu'en apparence étouffées par les préoccupations ou les désordres de la vie au sein de la société. Plusieurs des biographies que nous avons analysées nous en fourniraient la preuve.., Chez tel autre, le Saint-Esprit opère avec une rapidité peu ordinaire en lui faisant franchir les étapes en un temps relativement court. Ainsi en a-t-il été pour le brigand sur la croix, — pour le geôlier de Philippes, — pour Paul lui-même. Mais ce qu'on peut constater, c'est que, dans la marche rapide ou lente de ces âmes, les mêmes étapes sont marquées avec netteté. Que la conversion ait revêtu le caractère de la spontanéité ou qu'elle se soit fait attendre, le résultat final pour tous, c'est la régénération ; tous ces convertis sont au même titre des nouveau-nés de l'Esprit.

Les conversions dites spontanées, si l'on tient encore à cette expression — ne sauraient donc être invoquées contre l'affirmation d'une loi de la conversion, — d'une méthode du Saint-Esprit. Mais quelle peut être l'utilité pratique de la conclusion à laquelle nous amènent l'observation des faits et l'expérience personnelle ?

III

LE MODE D'APPLICATION
DE LA LOI DE LA CONVERSION

S'il existe une loi de la conversion, il paraît indispensable que les hommes appelés à en faire usage aient eux-mêmes tous les premiers subi l'action de cette loi ; qu'ils aient parcouru les étapes qui constituent les anneaux de cette chaîne, en un mot qu'ils soient convertis et que leurs expériences personnelles servent à les guider dans l'action qu'ils s'efforcent d'exercer sur les non-convertis. « Celui qui n'est pas régénéré ne peut avoir un sentiment vrai du péché. Sans la conversion, la certitude de la foi est impossible (1). »

Le point de départ de la conversion, c'est,

(1) J. C Pierson, *Foi et Vie*, 16 juillet 1903.

nous l'avons reconnu, la conviction de péché.
La culture du germe religieux déposé dans
l'âme humaine aura donc pour premier objectif
de faire naître cette conviction. Dans sa recherche instinctive du bonheur, l'homme se
heurte à un obstacle que, malgré ses efforts, il
ne peut écarter; un obstacle de la nature de
laquelle il n'a pas de lui-même, et quoiqu'il en
souffre, une vue bien nette.

Le but de l'enseignement religieux sera donc
d'abord de rendre l'homme conscient de la
nature du mal dont il souffre, de lui apprendre
ce qu'est le péché et quelles en sont les conséquences pour l'individu et pour la société elle-
même. Mais comment procéder pour amener
ce résultat ? Remarquons tout d'abord que les
formules, même les plus correctes, ne sont pas
par elles-mêmes assez puissantes pour produire
la conviction individuelle de péché. Sur ce
point, il ne saurait y avoir de règle fixe, de
système absolu. La cure qu'on entreprend ici,
— car il ne s'agit de rien de moins que de cela,
— exige des dons spéciaux et c'est avec raison
que la Parole dit que « celui qui gagne les
âmes est sage. » (Proverbes, XI, 30.)

Si la tragique réalité du péché doit être nettement proclamée du haut de la chaire chrétienne, et si cette proclamation peut atteindre des individus, c'est pourtant la cure d'âme qui est le moyen le plus efficace pour produire cet effet. L'individu étant alors pris directement à partie, la lutte s'établit entre la vérité qui veut vaincre et l'individu qui ne voudrait pas être vaincu.

Ici se pose une question préalable qu'il faut élucider en distinguant nettement entre la conviction de péché et la croyance générale traditionnelle, vulgaire au péché. Dans un pays christianisé dès longtemps, nombreux sont ceux qui, sans hésitation, admettent le fait du péché, et si les efforts de la libre pensée, de l'athéisme, de l'incrédulité sous toutes leurs formes parviennent à jeter un doute sur ce point dans beaucoup d'esprits; s'ils parviennent même à provoquer une audacieuse et puissante opposition à cette doctrine, il n'en reste pas moins que la masse témoigne encore d'une certaine adhésion à l'enseignement biblique sur ce sujet.

Mais que vaut cette adhésion? En quoi peut-

elle contribuer à la conversion du pécheur ?
Trop intellectuelle, trop superficielle, comment
exercerait-elle une action salutaire décisive sur
la conscience et sur le cœur ? Les faits démon-
trent surabondamment que cette manière de
croire au péché, même sous son apparence la
plus correcte et la plus sérieuse, laisse l'individu dans son indifférence religieuse, dans sa
propre justice, dans sa mort spirituelle. Elle
n'atteint pas ce qu'il y a de plus intime dans
l'âme ; elle ne fait pas vibrer les cordes les plus
secrètes du cœur.

La conviction de péché, lorsqu'elle est réelle,
profonde, lorsqu'elle procède bien directement
du Saint-Esprit (Jean, XVI, 8), cause chez le pécheur ainsi atteint une douleur, une souffrance
qui ne saurait être dissipée que par la certitude
d'un pardon complet. Cette conviction implique
naturellement une repentance qui ne porte pas
seulement sur les conséquences actuelles fâcheuses, parfois terribles du péché, mais sur le
fait même du péché comme violation de l'ordre
établi par Dieu. Le pécheur convaincu, repentant, humilié ne songe plus à se justifier à ses
propres yeux. C'est dans la douleur de son

âme qu'il s'écrie avec David : Mon péché est continuellement devant moi (Ps. LI, 3). Semblable au fils prodigue de la parabole, il rentre en lui même ; il se voit pauvre, misérable, aveugle et nu, et il soupire après le pardon, après le relèvement.

La conviction de péché, disons-nous, est le point de départ de la conversion, le premier pas à faire dans ce chemin, la condition indispensable. Cela a été vrai de tout temps ; cela est encore plus vrai de nos jours. La doctrine du péché, qui se présente déjà sous un aspect si pauvre, sous une couleur si terne chez beaucoup de ceux qui l'adoptent, soulève une opposition haineuse, violente dans les rangs de ceux qui se détachent du christianisme. Si les ignorants font du péché un simple accident, une imperfection de nature, les savants, ou ceux qui se donnent pour tels, se raillent de cette doctrine, n'y voient qu'un préjugé, une défaillance intellectuelle, une superstition d'un autre âge, ou bien simplement une pure spéculation de l'hypocrisie cléricale.

En face des obstacles divers et parfois si formidables qui se dressent devant lui, comment procédera l'apologète chrétien pour établir l'effrayante mais incontestable réalité du péché ? Cela dépendra certainement de l'état moral et spirituel de l'individu mis en cause, ce qui entraînera forcément une différence dans les moyens à employer. Les cas variant, les procédés varieront aussi. Si l'on demeure impuissant devant une hostilité déclarée ou devant une absence de droiture manifeste, en revanche on peut espérer quelque résultat heureux lorsqu'on se trouve avoir affaire à des cœurs droits, sincères, — quel que soit du reste le degré de leur développement intellectuel. Dans ces cas-là, l'appel, — un appel sérieux à la conscience semble tout indiqué.

Cet homme, à la conscience duquel nous faisons appel, est-il, — à ses propres yeux et lorsqu'il rentre en lui-même, — dans un état normal, dans une situation qui le mette à l'abri de toute crainte quant au salut de son âme ? Est-il la victime des illusions enfantées par l'ignorance ou par l'orgueil ! N'ayant pas appris à s'interroger lui-même, à s'examiner de près, parce qu'il contemple ses propres traits dans le miroir de sa vanité, il jouit d'une tran-

quillité d'esprit, malheureuse et trompeuse
contre façon de la paix véritable. Cependant un
appel direct, pressant, réussira souvent à ébranler cette superbe confiance, à jeter du trouble
dans l'esprit, à renverser les fondements peu
solides de la paix. La réflexion aidant, la conscience sera remuée et le sentiment du péché
éveillé. C'est à rendre plus vif, plus aigu ce
sentiment que s'appliquera l'homme qui a entrepris la cure de cette âme malade. Et c'est
bien ici que les expériences personnelles rendent plus facile une tâche singulièrement délicate, une tâche qui exige une grande connaissance du cœur humain, une grande sagesse
dans l'emploi des moyens, — un tact souvent
extrême et toujours délicat, — et, par dessus
tout, une confiance absolue en la puissance de
la grâce divine et un sincère amour des âmes.
Tout cela suppose que l'apologète ne se considère lui-même que comme l'instrument docile
et empressé du Saint-Esprit. « Ce ne sont pas
les discussions qui enfantent cette foi ; aussi
n'est-ce pas par leur secours que celui qui l'a
peut l'expliquer et la transmettre. Quand la
foi règne quelque part, sa présence constitue

son évidence même, et celui qui est de la vérité
s'incline devant elle (1). »

***

Un homme convaincu de péché, troublé, angoissé par le sentiment et la vue de sa misère
spirituelle, pourrait-il demeurer dans cet état
sans tomber dans le désespoir ou dans l'endur-
cissement? Aussi le travail accompli jusqu'ici
n'a-t-il pas son but en lui-même; il en poursuit un autre sans lequel il demeurerait stérile.
Il faut que le cœur soit profondément remué
pour que la fausse paix dont il est rempli laisse
la place libre à la vraie paix qui y établira sa
demeure.

Cette paix ne peut être que la conséquence
du pardon demandé, réclamé et obtenu. C'est
en effet là la seconde des étapes que nous avons
signalées sur le chemin de la conversion. La
nécessité du recours à la grâce de Dieu doit
être présentée avec clarté, avec force à l'âme
troublée par le sentiment du péché. Ici, tout

(1) Tholuck, *Heures de recueillement chrétien*.

autre remède ne serait qu'un palliatif trompeur
et impuissant. L'œil du pénitent dirigé sur lui-
même ne peut que rendre son angoisse plus
vive. Cette douloureuse expérience, plus d'un
converti l'a faite avant le moment où il a compris que son regard devait se diriger sur la
croix de Golgotha. C'est en effet ce regard qui
seul est en mesure de rassurer le pécheur tremblant qui s'écrie comme le péager de la parabole : O Dieu, sois apaisé envers moi qui suis
pécheur ! ou comme le brigand qui, dans son
agonie, dit à Jésus : Seigneur, souviens-toi de
moi quand tu viendras en ton règne ! C'est à
ces âmes accablées sous le poids de leur misère spirituelle que le Sauveur s'adresse en ces
mots : Venez à moi, vous tous qui êtes travaillés,
et chargés et je vous soulagerai.

Combien ne sont-elles pas intéressantes ces
âmes sujets, — pour celui qui en a la charge,
— non seulement d'études captivantes, mais
encore et surtout de prières ardentes et de soins
assidus ! Mais combien ici ne faut-il pas de sagesse, de tact, de prudence ! D'un côté, ne tran-
quillisez pas trop tôt ces âmes qui ont besoin de
passer par le feu qui purifie, et, d'un autre

côté, ne les poussez pas à désespérer du pardon comme si elles devaient arriver à le mériter par leurs souffrances.

Tranquilliser trop tôt une âme angoissée, c'est l'exposer à rester à mi-chemin. Il faut avoir goûté toute l'amertume du péché avant que de jouir en plein de la douceur du pardon. Une guérison hâtive est une guérison incomplète qui prépare des rechutes souvent mortelles. La conviction de péché a pu être superficielle, la douleur éprouvée a pu avoir son siège dans l'imagination plutôt que dans la conscience. L'agitation de l'eau est parfois de surface plus que de fond ; elle n'amène pas à la lumière la vase impure. Et si cette agitation a suffi pour troubler l'âme, elle ne lui a pourtant pas encore inspiré le dégoût, la terreur du mal. Le travail est bien commencé, mais il demande impérieusement à être poursuivi et achevé. Mettez avec toute délicatesse et amour le doigt sur la plaie, non pour la fermer brusquement, mais pour la faire saigner encore jusqu'à ce que les éléments morbides soient tous expulsés. Voyez Jésus révélant au jeune homme riche l'obstacle à sa conversion ! Comme il procède avec sagesse,

graduellement, mais aussi avec quelle autorité
pleine de compassion il signale l'interdit qu'il
y a dans ce cœur! Ah! sans doute, il pourra
arriver que telle âme se décourage, se retire
comme le jeune homme, mais ce sera pour faire
de nouvelles et plus dures expériences, et peut-
être pour revenir ensuite avec plus de décision
à Celui qui bande les plaies qu'il fait. Ayez foi
dans la puissance de l'Esprit de Celui qui ne
veut pas la mort du pécheur mais sa conversion et sa vie.

Mais s'il ne faut pas tranquilliser trop tôt une
âme angoissée, il ne faut pas non plus élever devant elle une barrière si haute qu'elle désespère
de la voir jamais s'abaisser pour lui permettre
d'entrer dans la patrie des âmes sauvées. Rap-
pelez à ce cœur qui cherche la paix, qu'il la
trouvera en cédant à l'invitation de celui qui
lui adresse ce touchant appel: « Mon enfant,
donne-moi ton cœur. » (Proverbes, xxiii, 26).

Un cœur donné, un cœur qui ne s'appartient
plus, c'est un cœur changé, renouvelé, un cœur
qui respire librement l'air vivifiant des régions
célestes, qui goûte la douceur de la communion avec le Père qui est aux cieux! Montrez

au cœur hésitant, retenu, craintif que c'est en
se perdant qu'on se retrouve et que la conversion, la vraie consiste à s'abandonner complètement, résolument, sans partage entre les
bras de celui qui est venu chercher et sauver ce
qui était perdu.

Se donner ainsi, c'est saisir la vie éternelle ;
c'est devenir une même plante avec Christ, un
sarment du vrai cep ; c'est être scellé du sceau
de l'Esprit, régénéré par sa vertu toute puissante et rendu capable de glorifier Dieu par
une vie sanctifiée.

Convaincu de péché, mais reçu en grâce par
la foi en Jésus-Christ, le pécheur relevé, par-
donné, sauvé, a parcouru les étapes qu'il avait
à franchir avant d'entrer en possession des
biens que le Seigneur tenait en réserve pour
lui. Maintenant, il les possède ces biens et
l'Esprit rend témoignage à son esprit qu'il est
devenu enfant de Dieu.

*

Si la conversion est parfois le fruit d'un développement religieux graduel et qui s'est ac-

compli sans secousses trop sensibles, elle est,
nous l'avons constaté, le plus souvent le résultat d'une lutte intérieure pleine de péripéties
émouvantes. Les exemples que nous avons cités
confirment ce double fait. En tout état de
cause, la conversion ne se produit jamais sans
exiger du sujet un acte de renoncement à soi-
même, et c'est ce renoncement qui est plus ou
moins douloureux. L'âme est en butte à des
sollicitations diverses et contradictoires. Elle
aspire à ce qu'il y a de meilleur; à ce qui est
pur, saint; à ce qui élève au-dessus des appé-
tits inférieurs; à ce qui unit à l'auteur de toute
grâce excellente et de tout don parfait. D'un
autre côté, elle est sollicitée par les sens à chercher dans les satisfactions de la chair la réali-
sation de l'idéal qui la tourmente. Par cette
expression, les satisfactions de la chair, nous
faisons allusion non aux plaisirs, bas, gros-
siers, indignes de l'homme qui se respecte;
mais à tout ce qui flatte l'orgueil naturel, qu'il
s'agisse de science pure ou de position sociale re-
levée. Il arrive parfois que l'âme ainsi ballottée,
indécise, est exposée au danger, qu'elle n'évite
pas toujours, de devenir la proie du scepticisme.

C'est bien ici qu'on sent le besoin, la nécessité de l'intervention d'un principe ou d'une
force supérieure qui ne peut être que le Saint-
Esprit. Les conseils de la sagesse humaine, de
quelque belle apparence qu'ils soient revêtus,
seraient impuissants à établir l'équilibre dans
cette âme sollicitée de divers côtés à la fois.
Mais lorsque cette âme cède à l'action salutaire
de l'Amour divin, alors elle entre dans le chemin de l'obéissance qui est la condition du
triomphe final, de la victoire de l'Esprit sur la
chair.

L'enfant qui vient de naître est appelé à gran-
dir. Par sa naissance, il est entré dans une voie
de développement qui est sa destination naturelle, et s'il n'y a chez lui rien d'anormal, ce développement s'accomplit d'une manière régulière.
Il en est de même pour le nouveau-né de l'Esprit.
Par suite de la transformation qu'il a subie en
se convertissant, il est entré lui aussi dans un
chemin qu'il est appelé à parcourir et qui, dans
le langage biblique, s'appelle la sanctification.
Sans elle, nous dit l'Ecriture, nul ne verra le
Seigneur (Hébr., XI, 14). C'est que, en effet, sans
elle, là où elle fait défaut, il n'y a pas eu con-

version véritable, il n'y a pas eu régénération par le Saint-Esprit. Les régénérés seuls sont les vivants dont la vie va se développant et s'affermissant graduellement Là où la nouvelle naissance ne s'est pas produite, il est impossible que se manifeste la vie nouvelle. On ne saurait en effet cueillir des fruits sur un arbre qui n'est pas planté, et, pour que les fruits soient bons, il faut, de toute nécessité, que l'arbre qui les produit soit lui-même bon Faites l'arbre bon, a dit Jésus, et son fruit sera bon (Math., XII, 33).

Si, chez le régénéré, le Saint-Esprit a remporté la victoire sur la chair ; si les luttes et les angoisses qui accompagnent la formation du nouvel-homme ont perdu de leur âpreté, est-ce à dire que chez ce nouveau-né de l'Esprit tout combat intérieur ait cessé. L'expérience individuelle prouve que la vie chrétienne est, du commencement à la fin, un véritable combat. C'est au terme de sa carrière terrestre que l'apôtre, et, après lui, la multitude des enfants de Dieu, peuvent dire qu'ils ont obtenu la victoire. Aussi le régénéré ne doit-il jamais perdre de vue que le travail de la sanctification exige une vigilance de tous les instants, de peur que le péché ne trouve une porte entre-bâillée par laquelle il pénétrerait de nouveau dans son cœur et dans sa vie. Toujours de nouveau, il ira chercher son secours, sa force, sa délivrance auprès de celui par la grâce duquel il sera plus que vainqueur. Toujours de nouveau il se placera sous la direction de l'Esprit de prudence et de sagesse qui est en même temps l'Esprit de sainteté et de force. Apprenant chaque jour mieux à se connaître lui-même, et, par conséquent, à se défier de lui-même, il éprouvera une joie d'autant plus grande à savoir qu'il dépend de la volonté souveraine et sage du Père qu'il a dans les cieux et vers lequel montent joyeuses et confiantes sa prière et son adoration. Jésus demandait de ceux qui venaient à lui qu'ils devinssent comme des enfants par leur humi-lité, par la simplicité de leur foi et la candeur de leur confiance, et tels sont encore les caractères du véritable disciple de Christ, du nouveau-né de l'Esprit. Qu'il conserve ces caractères et toutes les forces de l'Ennemi viendront se briser contre les murs de cette forte-resse dont le Seigneur est et sera toujours le fidèle et tout puissant défenseur et gardien.

***

Dans sa *Théologie pastorale* Vinet s'exprime
ainsi : « Le pasteur doit conduire l'homme là
où il ne veut pas aller ; il doit faire accepter des
idées imprévues que l'homme n'est pas disposé
à recevoir et qu'il traite de folie », et Vinet
ajoute : « On voit bien là l'énorme difficulté du
gouvernement pastoral (1). » Quand on le considère de près, en effet, le ministère pastoral
présente quelque chose de redoutable. Il ne
s'agit pas ici d'une doctrine humaine, élaborée
dans le cerveau d'un homme que d'autres
hommes envisagent comme un docteur et dont
ils acceptent ou rejettent les enseignements
sans qu'il en résulte pour eux de sérieuses conséquences. Tout au plus courent ils le risque
de se repaître d'illusions ou de se priver de
quelque avantage terrestre. Mais la question
apparaît tout autrement grave quand il s'agit
des doctrines que le serviteur de Christ est

(1) *Théologie pastorale*, p. 58.

appelé à prêcher et de la marche qu'il a à prescrire à ceux vis-à-vis desquels s'exerce son ministère.

Ce qu'il y a d'effrayant ici, c'est que le sort éternel de l'âme humaine est directement intéressé aux succès ou aux revers que rencontre le ministère évangélique. « Pensée angoissante, dit encore Vinet, qu'on porte dans ses mains les destinées de beaucoup d'âmes, et qu'on exerce un ministère qui, s'il ne fait pas vivre, tue (1). » Sans doute, toutes les facultés dont l'homme est doué sont appelées à prêter leur concours à l'action que l'Evangile doit exercer sur l'individu, parce que l'Evangile s'adresse à l'homme tout entier, et non pas seulement à sa mémoire, à son intelligence ou à sa raison ; mais c'est tout d'abord la conscience qui doit être réveillée pour que sa voix se fasse entendre claire et impérieuse ; c'est le cœur qui doit être touché pour qu'il se soumette et se donne puisque c'est de lui que procèdent les sources de la vie (Proverbes, iv, 23). Mais ce cœur est précisément aussi le foyer où se ren-

(1) *Théologie pastorale*, p. 63

contrent les oppositions les plus vives, les plus
tenaces, à tel point que, même lorsque l'intelligence est éclairée, que la raison est subjuguée,
il résiste encore et fait effort pour ne pas se rendre. Il le faut pourtant : il faut qu'il soit vaincu
et que l'Evangile triomphe !

Le ministère pastoral se présente donc à
nous sous l'aspect d'une lutte parfois des plus
acharnées avec les résistances diverses et multiples qu'offre le cœur de l'homme, et Vinet n'a
que trop raison quand il affirme que le pasteur,
le ministre de Christ, le prédicateur évangélique
sont appelés à conduire l'homme où celui-ci
ne veut pas aller, c'est-à dire au renoncement
à soi-même, au don de soi-même sans réserve.
Et pourtant, dans son fond le plus intime, c'est
bien à cela, quoiqu'il ait peine à s'en rendre
compte, que le cœur aspire secrètement.

Amener des âmes au pied de la croix de Christ
exige une mesure de forces plus qu'humaine.
Pénétré, comme il doit l'être, du sentiment de
sa propre faiblesse, comment le serviteur de
Dieu ne serait-il pas effrayé ? Comment ne serait-il pas tenté de s'écrier avec Moïse : Seigneur, envoie, je te prie, qui tu dois envoyer

(Exode, IV, 13), de se tirer en arrière en répétant : qui est suffisant pour ces choses (II Corinth., II, 16) ? Mais, ce sentiment bien vif de sa propre faiblesse est précisément la condition première du succès, car, renonçant à trouver en lui-même les ressources qui lui sont indispensables pour accomplir sa tâche, le serviteur de Christ en viendra à faire la précieuse expérience dont l'apôtre Paul rend compte en ces termes : « Quand je suis faible, c'est alors que je suis fort (II Corinth., XII, 10). » Celui qui n'entre pas en tremblant dans l'œuvre du ministère évangélique ignore encore où se trouve la source de la force, où est la garantie du succès ; il l'apprendra sans doute s'il est sincère, mais au prix de découragements et d'humiliations qui marqueront les étapes de son propre développement spirituel.

N'y a-t-il pas quelque chose de solennel dans la pensée qu'en ne portant pas soi-même les fruits de la conversion, on pourrait être pour telle âme un obstacle à la conversion, pour telle autre un consolateur fâcheux propre à endormir plutôt qu'à réveiller ! Quelle situation que celle d'un conducteur spirituel sur le-

quel les yeux de beaucoup sont fixés et dont
la sagesse, la prudence, l'activité, le zèle doivent être constamment à la hauteur des nécessités, sans que jamais on soit en droit d'attribuer à cet homme des mobiles intéressés ou
charnels ! Oui, certainement, le ministère pastoral est une lourde charge pour quiconque dé-
sire s'en acquitter avec conscience. Etre l'inter-
prète auprès des âmes immortelles de la Sainte
Parole de Dieu, appliquer cette parole comme
un baume excellent sur les diverses plaies du
cœur humain, travailler ainsi à l'éclosion et
au développement du germe divin en l'homme,
en vérité, quelle tâche ! et, encore une fois :
Qui est suffisant pour ces choses !

Cette tâche cependant, Dieu la confie comme
un privilège à certains hommes qu'il qualifie
spécialement pour cela. Il s'engage à les mettre
en état de s'en acquitter, non pas à leur gloire
propre assurément, mais à sa gloire à Lui ! A
l'homme qu'il appelle à cette œuvre, il dit : Va !
avec cette force que tu as (Juges, VI, 14), parce
que cette force vient en effet de lui et qu'il
sait combien est grand le besoin que doit en
éprouver tout serviteur fidèle ! C'est donc bien

avec le sentiment très net de sa faiblesse personnelle que le serviteur de Dieu abordera la tâche dont son maître le charge, et ce sentiment ne l'abandonnera jamais tout en étant toujours accompagné de l'assurance de la grâce de Dieu, de son secours constant et de l'action permanente du Saint-Esprit. Telles sont les conditions d'un ministère évangélique fidèle et puissant parce que celui qui en est revêtu ne se considère que comme un instrument docile et reconnaissant entre les mains de Celui qui incline les cœurs comme des ruisseaux d'eau (Proverbes, xxi, 1).

***

L'étude à laquelle nous venons de nous livrer peut nous faire entrevoir combien il importe à quiconque a charge d'âmes de posséder, — outre et avant tout, ce qui doit aller sans dire, la toute puissante grâce de Dieu, certaines aptitudes spéciales, entre autres le discernement des esprits. Si nos observations ont été conformes à la réalité des faits, nous en pourrons conclure qu'il y a une ligne à suivre et des

règles à observer dans le traitement nécessaires
pour amener une âme des ténèbres à la lumière ;
ligne assez souple, règles assez flexibles, à la
vérité, pour qu'elles se plient aux dispositions
parfois si différentes ou même si contradictoires
des âmes évangélisées, pour qu'elles tiennent
un compte sérieux et exact des circonstances
dans lesquelles ce traitement est appelé à se
poursuivie, et pourtant ligne et règles assez
marquées pour que le fil ne risque pas de se
rompre à chaque instant, au grand détriment
d'une cure qui exige l'attention la plus soute-
nue et les soins les plus assidus.

Dans la biographie originale de Dorothée
Trudel, nous lisons cette phrase qui rend très
exactement notre pensée : « S'il est réjouissant
de voir travailler un ouvrier du Seigneur, il est
d'autant plus réjouissant de pouvoir jeter un
coup d'œil dans l'atelier où cet instrument de
Dieu a été préparé et trempé pour son service. » D'autre part, et à propos de Félix Neff,
on a fait cette remarque également juste: « On
a fait la psychologie des conversions ; or s'est-
on demandé avec le même soin comment s'y
prennent les serviteurs de Dieu pour les pro-

duire? Cela mérite aussi qu'on s'y arrête et qu'on l'étudie (1). » Et Félix Neff fournit à l'auteur que nous citons le moyen de se livrer à l'enquête qu'il propose et d'où il ressort avec une grande évidence, ce que du reste les biographies que nous avons analysées ont déjà démontré, c'est que l'ouvrier du Seigneur ne peut travailler avec quelque espoir de réussite que si, dans sa pratique, il se conforme à la méthode que le Seigneur a tout d'abord employée à son égard. C'est ce qui nous explique le zèle ardent, l'activité dévorante de tel ou tel de ces serviteurs de Dieu dont l'exemple est si propre à exciter une sainte émulation chez d'autres fidèles. Ces grands missionnaires, ces puissants évangélistes qui se recrutent dans tous les rangs de la société religieuse, dans tous les compartiments de l'église de Christ, se sont efforcés, à l'exemple de leur Maître, d'allumer autour d'eux ce feu que Jésus est venu mettre sur la terre (Luc, xii, 49). Ils ont compris que ce feu dont ils ont ressenti en eux-

(1) D. Benoît, Félix Neff, dans *Foi et Vie*, 16 décembre 1902.

mêmes les effets, est bien celui qui purifie parce qu'il consume l'orgueil naturel, la propre justice et tout ce qui est de nature à perpétuer chez l'individu de dangereuses illusions.

Une vue superficielle du péché ne saurait produire cette sainte frayeur, cette tristesse selon Dieu dont on ne se repent jamais (II Corinth., vii, 10), parce que cette vue superficielle non seulement ne permet pas de sonder l'abîme que le péché a creusé entre le Dieu saint et l'homme rebelle, mais encore parce qu'elle cache cet abîme sous des fleurs d'une belle mais trompeuse apparence.

**

A tous ceux auxquels le Seigneur a confié la tâche de prêcher l'Evangile du salut, nous disons : Fortifiez-vous et soyez hommes ! Ouvriers avec Dieu, ce qu'il requiert de vous, c'est la fidélité ; le succès lui appartient comme la gloire doit lui en revenir tout entière. Prédicateurs chrétiens, exposez tout le conseil de Dieu avec une sainte hardiesse ; parlez fortement du péché, montrez ce qu'il a d'odieux ;

produisez ainsi chez vos auditeurs une sainte
frayeur ; suppliez-les d'être réconciliés avec
Dieu ; conjurez-les de fuir la colère à venir en
se jetant dans les bras de celui qui seul peut les
en préserver (I Thessal., i, 10). Alors, à ces
âmes qui soupirent après la délivrance, à ces
cœurs qui ont soif de certitude et de paix, vous
pourrez montrer l'amour de ce Père qui nous a
donné son Fils afin que quiconque croit en Lui
ne périsse point mais qu'il ait la vie éternelle
(Jean, iii, 16). Si la lumière de l'Evangile fait
paraître plus épaisses les ténèbres du dehors,
elle brille d'un éclat d'autant plus vif, que le
jour croît en sa perfection (Proverbes, iv, 18).
« Mais pour opérer quelque effet salutaire, la
prédication doit couler du cœur et des lèvres,
comme des flots qui jaillissent d'une source
fraîche et pure. Dans ce cas, soyez assurés
qu'elle s'insinuera sans peine dans l'âme de vos
auditeurs. Mais, pour qu'elle coule du cœur, il
est nécessaire de sentir soi-même les douces
flammes de l'amour, de se représenter vivement la misère spirituelle de nos frères, ainsi
que le salut qui pourrait devenir leur partage,
et d'espérer fermement que l'Esprit du Sei-

gneur nous frayera lui-même la route. Alors la parole pleine de foi et de joie sera impressive et trouvera de l'écho (1). »

***

Si, dans les pages qui précèdent, j'ai paru ne m'adresser qu'aux hommes revêtus dans l'Eglise de Christ d'un ministère spécial, celui de la Parole et de la cure d'âme, je n'ai garde cependant d'oublier qu'en vertu du sacerdoce universel tout disciple de Jésus-Christ est un prêtre et un sacrificateur; — en d'autres termes, que tout chrétien a charge d'âmes; les parents à l'égard de leurs enfants, les fidèles entre eux et vis-à-vis des indifférents ou des incrédules qui les entourent Quelle que soit leur situation sociale ou ecclésiastique, tous ont, à cet égard, un devoir à remplir, en ne perdant jamais de vue que « Jésus-Christ nous demande avant tout, dans le cercle de nos parents et de nos connaissances, le témoignage pratique d'une conduite et d'une vie chrétien-

(1) A. Tholuck, *Heures de recueillement chrétien.*

nes (1) ». Tous doivent être toujours prêts à
rendre raison de l'espérance qui est en eux
(I Pierre, III, 15), à travailler dans la mesure de
leurs forces et des dons qu'ils ont reçus au bien
des âmes et à la gloire de Dieu. Sans doute,
tous ne le feront pas de la même manière parce
que les dons et les facilités sont inégalement
répartis, mais, ici encore, ce que le Seigneur
réclame, c'est la fidélité et non le succès. Les
serviteurs de la parabole n'étaient pas tenus aux
mêmes obligations vis-à-vis de leur maître,
parce que celui-ci n'avait pas confié à tous un
même nombre de talents (Math., XXV, 15).
Mais ce dont tous les chrétiens ont un égal
besoin, c'est du secours de l'Esprit. Quelque
modeste que soit la tâche, elle suppose chez
celui à qui elle est confiée une vraie piété, une
communion personnelle avec le Seigneur, un
fervent esprit de prière, une lecture et une
étude assidues de la Parole de Dieu. Ce sont là
des nécessités premières, impérieuses, pour la
vie individuelle tout d'abord, pour les progrès
personnels et l'affermissement dans la foi et

(1) A. Tholuck, *Heures de recueillement chrétien.*

dans la sanctification. Ces exigences pourraient
paraître excessives; elles le sont, en effet, mais
seulement si on les considère du point de vue de
l'homme laissé à lui-même, abandonné à ses
propres forces et cherchant dans ses ressources
personnelles le secours dont il a un besoin
constant et sans lequel son travail serait absolument vain.

Ici, c'est le chrétien que nous avons en vue,
c'est de lui que nous parlons; de l'homme
qui s'est donné au Seigneur, qui ne s'appartient plus et qui a conscience de sa propre inca-
pacité non moins que de la puissance de Dieu.
Il n'est pas nécessaire à cet homme de posséder
der de grands talents, des dons hors ligne. On
a souvent constaté que de grands et beaux
réveils ont été le résultat du travail conscien-
cieux et persévérant des plus humbles et, en
apparence, des plus chétifs serviteurs de Dieu.
Les prédicateurs dont les noms brillent du plus
pur éclat au firmament de l'éloquence religieuse, ne sont pas toujours les ouvriers les
plus bénis dans le champ du Seigneur, ceux
dont les gerbes sont les plus lourdes et les
plus nombreuses. Il n'est pas indispensable

d'être un Wesley, un Whitefield, un Spurgeon, un Adolphe Monod et d'autres encore, pour entraîner des âmes dans le chemin de la vie. Si l'Eglise de Christ a bénéficié dès l'origine de l'éloquence des Apollos, des Chrysostome et d'autres encore elle ne doit pas moins de reconnaissance à l'humble activité et au fidèle témoignage de ces ouvriers en grand nombre dont les noms, ignorés ou oubliés des hommes, sont, comme ceux des compagnons d'œuvre de l'apôtre, écrits en lettres d'or dans le livre de vie (Philip., IV, 3). Le succès accordé à tout travail fait sous le regard de Dieu est d'autant plus propre à encourager que la masse des travailleurs appartient à la classe des petits plutôt qu'à celle des illustres témoins de la vérité !

————

La *conclusion* qui paraît devoir s'imposer ici ne saurait exiger de longs développements. Conséquente avec le principe qui lui sert de base, la psychologie religieuse scientifique se borne à reconnaître et à signaler les éléments divers qui concourent à développer le sentiment religieux dont le germe a été déposé par la nature dans le cœur ou l'esprit de l'homme.

Ce développement se produit sous des influences
également naturelles. L'évolution achevée, l'individu se sera formé une religion toute personnelle ou une philosophie avec un degré plus ou
moins élevé de pureté, de spiritualité, comme
cela se voit chez des philosophes de tous les
temps. Deux esprits pourront même se ren-
contrer en certains points sur ce terrain, mais
cette rencontre ne constituera qu'un simple
accident, dont il ne résultera ni une religion
commune, ni un culte en commun.

La psychologie religieuse scientifique étant
obligée de se récuser quand il s'agit d'expliquer
comment le sentiment religieux arrive à se
transformer et à se préciser dans une religion
positive supérieure, par exemple dans le christianisme, ce ne sera pas à elle qu'il faudra s'a-
dresser quand on s'efforcera de rendre compte
de la nature et des causes de la conversion
envisagée au point de vue positivement chrétien.
Il faut, de toute nécessité, admettre le principe
d'action que nous avons appelé par son nom, le
Saint-Esprit. L'action exercée par cet agent sur
l'individu peut être et demeurer profondément
mystérieuse, elle n'en est pas moins incontes-

table. Jamais le jeu des divers éléments signalés par la psychologie scientifique comme étant actifs dans le développement du sentiment religieux, n'aboutira à transformer un homme comme le fait le Saint-Esprit. Au reste, la psychologie n'a pas la prétention de faire d'un homme naturel un chrétien.

Par sa méthode d'observation, de pénétration, d'expérimentation, la psychologie religieuse scientifique peut rendre de très grands services dans l'étude de ce qui fait de l'homme un être à part au sein de la création. Les recherches auxquelles elle se livre et les résultats auxquels elle parvient présentent le plus grand intérêt. Le psychologue chrétien lui devra beaucoup en usant avec intelligence et discernement de sa méthode d'informations dont il saura rendre les résultats plus positifs grâce aux données que la révélation lui fournit.

De nos jours, où la théorie de l'évolution rencontre une si grande faveur dans le monde savant; où, aux yeux de beaucoup, elle suffit à expliquer les transformations successives qui s'accomplissent dans le domaine des sciences naturelles, il semble que ce soit faire preuve

d'obscurantisme que de ne l'admettre que dans
ce domaine. Nombre de théologiens, — et non
des moins illustres — s'efforcent d'appliquer
cette théorie à l'histoire des dogmes chrétiens, et,
de la théologie, elle est en train de se frayer une
voie dans la manière de concevoir la religion
elle-même. Mais en regard des faits religieux et
en observant avec soin le chemin parcouru par
l'âme qui saisit la vérité évangélique, est-il
possible de croire à une simple évolution ?
N'est-il pas évident que cette évolution est im-
puissante à rendre compte du phénomène com-
plexe de la conversion et de la régénération, et
n'est-on pas dès lors autorisé à conclure de
cette impuissance à une influence qui n'a
rien de commun avec l'évolution ? Jamais,
semble-t-il, l'homme né dans le péché ne par-
viendrait, par le simple développement des aptitudes naturelles, à l'état du régénéré, et jamais
l'évolution, quelque profonde qu'elle soit, ne
fera d'un pécheur un nouveau né de l'Esprit.
Mais croit-on encore au péché ? et si l'on n'y
croit plus, comment croirait-on à l'action toute
puissante du Saint-Esprit ?

TABLE DES MATIÈRES

	Pages
AVANT-PROPOS	5

I

LES BIOGRAPHIES

1. Lady Huntingdon	19
2. Georges Whitefield	24
3. Guillaume de la Fléchère	28
4. Marie de la Fléchère	31
5. John Newton	35
5. Thomas Scott.	41
7. Martin Boos	45
8. Legh Richmond	52
9. Elisabeth Fry.	56
10. Etienne de Grellet	62
11. J.-F. Oberlin	66
12. Félix Neff	68
13. Mᵐᵉ Judson	72
14. Auguste Rochat	77

15. James Brainord Taylor 81
16. William Gordon. 85
17. Mac Cheyne 87
18. Docteur Capadose 90
19. Napoléon Roussel 93
20. James Garfield 97
21. Henry Havelock 101
22. Dorothée Trudel. 104
23. F. W. Krummacher. 108
24. Agénor de Gasparin 113
25. Henry Ward Beecher 115
26. Jean Christophe Blumhardt . . . 119
27. Robert W. Mall All. 122

II

CONVERSION ET RÉGÉNÉRATION . . 133

III

LE MODE D'APPLICATION DE LA LOI
DE LA CONVERSION 158

CONCLUSION 188

DIJON. — IMP. DARANTIERE.

LIBRAIRIE FISCHBACHER, 33, rue de Seine, à PARIS

EN VENTE.

ADOLPHE MONOD

Souvenirs de sa vie — Extraits de sa correspondance — Choix de lettres à sa famille et à ses amis.
3e édition. — Deux volumes in-12, avec portrait, ... Prix 7 fr.

LOUIS MEYER — SA VIE, SON ŒUVRE

Avec des extraits de sa correspondance et de ses discours
2e édition. — Un volume in-12, avec portrait . . Prix, 4 fr.

MADAME ANDRÉ-WALTHER (1807 à 1886)

Par ALFRED ANDRÉ
Un volume in-12, avec 2 portraits. .. .. Prix, 3 fr. 50

MADAME E. DE PRESSENSÉ

Sa vie, d'après sa correspondance et son œuvre, par MARIE DUFroix
Un volume in-12, avec portrait . ., ..., . . Prix, 2 fr 50

ÉDOUARD MONNIER

Souvenirs de sa vie et de son œuvre (1830-1900)
Publiés par HENRI MONNIER, pasteur
Un volume in-12, avec portraits et gravures . . Prix : 3 fr, 50

LA VIE ET L'ŒUVRE DE ROBERT W. MAC ALL

Fondateur de la mission populaire évangélique de Paris.
Fragments et souvenirs rassemblés par Mme MAC ALL traduits et complétés par son ami Eug. RÉVEILLAUD.
Un vol in 12, avec de nombreux portraits et grav. Paris . 3 fr 50

F.-W ROBERTSON

Sa vie et ses lettres, par STOPFORD BROOKE traduit et abrégé de l'anglais par Mme JEAN MONOD
Un volume in-12 . . . Prix, 3 fr 50

GRANDS SERVITEURS

Une noble vie FRÉDÉRIC OBERLIN, 1740-1826
Dans les abîmes ELIZABETH FRY, 1780 1845
Par Mme DE WITT, née GUIZOT
Un volume in-12. .. ..., .. . Prix, 3 fr 50

MÈRE ET FILLE

CHARLOTTE DE LAVAL ET LOUISE DE COLIGNY
Par Mme DE WITT, née GUIZOT
Un volume in-12 . . .. , ... Prix 3 fr, 50

VIE D'ÉLIZABETH FRY

Extraits des mémoires publiés par deux de ses filles, par Mlle CHAVANNES
Un volume in-8o, avec portrait. . .. .. . Prix 6 fr.

VIE DE CHARLOTTE BRONTÉ (Currer Bell)

Traduite de l'anglais par Mme AMB TARDIEU
Un volume in-12, avec portrait . . . .. Prix, 3 fr 50

DIJON, IMP. DARANTIERE

www.ingramcontent.com/pod-product-compliance
Lightning Source LLC
Chambersburg PA
CBHW072228270326
41930CB00010B/2039